歩いて楽しむ

信州

松本 善光寺

JN012713

CONTENTS

信州 街道の町並みを歩く
中山道／北国街道／北国西往還　　　　**4**

信州 街道の町並みを歩く

江戸時代以降、長野県内には江戸、京都、また日本海側の越後へと結ぶ街道が整備され、さまざまな目的をもった人々が往来した。当時の歴史や文化の面影を探しながら街道の宿場の町並みを訪ねてみよう。

馬籠宿
● まごめじゅく

中山道木曽路は、谷が深く険しい道が続く。石畳が敷かれた坂に沿って続く宿場町は、今でも昔のままに近い姿を留めている。

中山道

●なかせんどう

五街道のひとつ
江戸と京都を結ぶ

江戸日本橋から日本の屋根ともいわれる山岳地帯を進んで、京都まで続く中山道は、途中に峠越えも多く、四大関所と言われた碓氷、福島の関所も置かれていた。参勤交代の大名、皇族のほか多くの旅人が通行し、今も各所に風情ある宿場町が残る。

福島宿 ●ふくしまじゅく

中山道のなかでも贄川~馬籠宿の間を木曽路という。木曽路の中心になるのが天下の四大関所が置かれた福島宿。信仰の山・御嶽への登山口でもあり、木曽川の谷底の町からは木曽駒ケ岳が望める。

岩村田宿

●いわむらだじゅく

小さな宿場ではあったが、下仁田、小諸への街道、また韮崎に通じる佐久甲州街道と4つの街道の分岐点で、商人の町として発展した。街道筋は現在、レトロな雰囲気を残す商店街になっている。

善光寺
稲荷山
上田
小諸
追分
海野
軽井沢
松本
岩村田
奈良井
下諏訪
福島
至京都
妻籠
馬籠

西国往還
北国街道
中山道

5

上田宿
●うえだじゅく

かつて信濃国国府が置かれ、戦国時代、真田昌幸が上田城を築城し、城下町として栄えた上田。柳町、紺屋町あたりに街道の道筋が残っている。格子戸の家が連なり、江戸時代から続く造り酒屋もある。

北国街道

中山道から分岐して善光寺・越後に続く

●ほっこくかいどう

中山道追分宿から分かれて、越後の国、新潟県高田までを結ぶ。千曲川沿岸をたどる道は風光明媚で、善光寺参りの善男善女や、加賀前田家の参勤交代、佐渡の金を江戸に運ぶ道としても賑わった。

- ●信濃追分 ⇨P74
- ●小諸 ⇨P78
- ●海野宿 ⇨P88
- ●上田 ⇨P92
- ●善光寺 ⇨P18

（地図）

至越後

北国街道

北国西往還

善光寺
稲荷山
上田
海野
松本
岩村田
奈良井
下諏訪

小諸
追分
軽井沢
至江戸

中山道

追分宿
●おいわけじゅく

中山道と北国街道の分岐点として発展した宿場。本陣、脇本陣が置かれ、旅籠や茶屋が連なり浅間山麓で最も賑わった。分去れにある常夜灯や道標、枡形の茶屋に面影を残している。近年、石畳風の舗装が完成し、電柱も地下に。

小諸宿
●こもろじゅく

城下町であり、宿場町の小諸は、古くから商業の町としても栄えた。本陣から続く本町の町並みは、白壁、土蔵造りの商家が多く残り、今も現役。小諸城の鬼門にあたるという寺で街道は鍵の手に曲がり、荒町へと続く。

海野宿
●うんのじゅく

旅籠屋や茅葺き屋根の建物など、江戸時代の町並みに、明治以降の堅牢な蚕室造りの建物が調和した風情ある宿場町。用水と古い家並みのたたずまいも趣がある。

「一生に一度は」
善光寺
●ぜんこうじ

「一生に一度は善光寺参り」と、うたわれてきた信州一の名刹。飛鳥時代創建と伝わる歴史ある仏教寺院のひとつ。およそ1400年以上も多くの人びとの信仰を集めてきた。国宝の本堂、重要文化財の山門などみどころが多い。前立本尊は数え年で7年に一度開帳される。

「国宝、現存天守」
松本城
●まつもとじょう

犬山、彦根、姫路、松江城と並び日本に5つしかない国宝の城。現存する日本最古の天守閣を残す。文禄2年(1593)に築城され、400余年を数える。戦国時代に平地に建てられた珍しい平城。天守閣に上ると常念岳や蝶ヶ岳など北アルプスの山々が望め、春は桜の名所。

松本宿 ●まつもとじゅく

善光寺名所図会に「当国第一の都会」とうたわれた城下町、松本。街道筋のかつて呉服、塩、肴などの問屋が軒を連ねていた中町通りに入ると、保存改修された白壁土蔵の建物の町並みが続く。

北国西往還

信州の名城、名刹を結ぶ祈りの道

●ほっこくにしおうかん

中山道から洗馬宿で分岐して、松本を経て善光寺を目指す、中山道と北国街道をつなぐ道。各地に残っている善光寺道のひとつ。西国の人は善光寺へ、信濃以北の人は伊勢や金毘羅参りに通った信仰の道とも言われている。弥次喜多や芭蕉も歩いた道。

北国街道

北国西往還

中山道

至越後
善光寺
稲荷山
上田
小諸
追分
海野
軽井沢
岩村田
松本
下諏訪
奈良井
福島
●妻籠
馬籠

稲荷山宿　●いなりやまじゅく

善光寺平への入口の宿として賑わった稲荷山。松代、須坂、飯山を経て越後十日町に至る谷街道との分岐点でもあった。繭や生糸が集まり、呉服や生活物資を商う町として栄えた名残の町屋や土蔵が並ぶ商家が多く見られる。

本書の使い方 📖

【コースの見方】

●コースのデータ
コースの歩行時間、距離、おすすめの季節を紹介しています。歩行時間は50mを1分として計算しています（水平面の距離で計算しているため、傾斜によっては実際の所要時間と異なる場合があります）。また、途中立ち寄るスポットの所要時間は含まれておりません。なお、一部3時間を超えるコースもあります。

●コースの概要
「本文」では紹介しているコースのみどころや歩き方を、「おさんぽアドバイス」ではコースを歩くうえでの注意点やお得な情報を、紹介しています。

●みどころダイジェスト
紹介するコースのダイジェストが見られます。また、各観光スポットにかかる所要時間の目安も紹介しています。

● START&GOAL
紹介するコースのスタート地点とゴール地点のバス停または鉄道駅を記載しています。また、スタート地点までのアクセス、ゴール地点からの帰り方も紹介しています。

●高低図
スタート地点からゴール地点までの道の上り下りを示しています。それぞれの地点は本文の番号と対応しています。

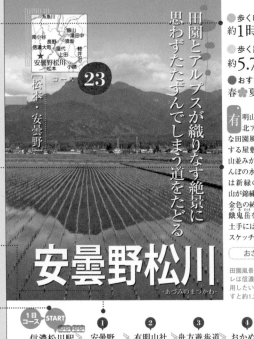

田園とアルプスが織りなす絶景に思わずたたずんでしまう道をたどる

[松本・安曇野]

23

安曇野松川
・あづみのまつかわ・

●歩く時間 >>>
約1時間40分

●歩く距離 >>>
約5.7km

●おすすめ季節 >>>
春 夏 秋 (4~10月)

有 明山の麓、松川村には、北アルプスを望む豊かな田園風景が広がる。点在する屋敷林の先には残雪の山並みが望め、春になると田んぼの水鏡に山々が映り、夏は新緑の稲が風にそよぐ。山が錦繍に染まると、里は黄金色の絨毯一色になる。餓鬼岳を源流とする乳川の土手には、いわさきちひろのスケッチポイントもある。

（おさんぽアドバイス）
田園風景を歩く松川歩きのトイレは信濃松川駅と主な施設を利用したい。細野駅まで足をのばすと約1.2kmの歩きとなる。

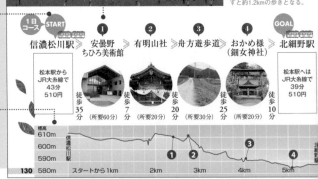

1日コース START
信濃松川駅

① 安曇野ちひろ美術館

② 有明山社

③ 舟方遊歩道

④ おかめ様（鈿女神社）

GOAL 北細野駅

松本駅からJR大糸線で43分 510円

徒歩35分 （所要60分）

徒歩7分 （所要20分）

徒歩20分 （所要30分）

徒歩25分 （所要20分）

徒歩10分

松本駅へはJR大糸線で39分 510円

標高
610m
600m
590m
130 580m　スタートから1km　2km　3km　4km　5km

【データの見方】

観光スポット

●堀辰雄文学記念館
ほりたつおぶんがくきねんかん
信濃追分を代表する作家
軽井沢をこよなく愛し、信濃追分に暮らした作家・堀辰雄の旧宅敷地内にある文学館。直筆原稿、初版本、机や椅子などの愛用品を展示。晩年を過ごした住まい、書庫なども保存されている。本陣の裏門を移築した入口をくぐり、林の中の小道を進んでいく。

☎0267-45-2050　●軽井沢町追分662
●9:00～17:00　●水曜（祝日の場合は開館、7月15日～10月31日は無休）　●入館400円（追分宿郷土館と共通）　MAP P76B1

● スポット名
● 電話番号
● 所在地
● 開館（拝観）時間
● 休館（閉門）日
● 入館（入場）料
● 地図掲載位置

☎0267-45-2050● 電話番号
●軽井沢町追分662● 所在地
●9:00～17:00● 開館（拝観）時間
●水曜（祝日の場合は開館、7月15日～10月31日は無休）● 休館（閉門）日
●入館400円（追分宿郷土館と共通）● 入館（入場）料
MAP P76B1● 地図掲載位置

【地図の見方】

地図記号の主な凡例

卍 寺院　🏥 病院　Ⓢ スーパーマーケット　♀ バス停　7️⃣ セブンイレブン　Ⓒ その他コンビニエンスストア　🛍 ショップ　卍 寺院

♦ 神社　🏦 銀行　✈ 空港・飛行場　Ⓗ 宿泊施設　ファミリーマート　🍴 レストラン　Ｙ バー・居酒屋　卍 神社

✝ 教会　信号機　🚻 トイレ　ローソン　☕ カフェ　📷 見る

道祖神

村歩きで出会う道祖神や大黒天。その素朴な石仏は旅人の道案内をしてくれるかのように、静かに道端にたたずんでいる。

松川村

絵本カフェ P133
① 安曇野ちひろ美術館

有明山社
Radice Ｙ
SUZUNE P133

とっとちゃんひろば
トットちゃん広場

安曇野ちひろ公園の北側には「窓ぎわのトットちゃん」(黒柳徹子・著)にちなんだトモエ学園の電車の教室が再現されている。

すずむしのもにゅめんと
鈴虫のモニュメント

8月の下旬になると松川の里山は鈴虫の軽やかな調べに満ちる。村内には至る所に鈴虫のイラストなどがある。

START

安曇野松川
広域図は P166へ　150m　1:18,000

信濃松川駅

ここまで **1km**

ここまで **3km**

ここまで **4km**

ここまで **5km**

③ 舟方遊歩道

北細野駅

GOAL

④ おかめ様（細女神社）

道の駅 Ⓗ Ｙ
寄って停まつかわ
P133
細野駅

131

◉ スタート地点

鉄道駅またはバス停からのスタートとなっています。スタート地点までのアクセスもしくは鉄道路線は、各コースの1ページ目に記載しています。

◉ スタート地点からの距離

スタート地点からの距離を1kmごとに記載しています。

◉ 進行方向

各コースの進行方向を矢印（→）で示しています。

◉ 紹介スポット

各コースで紹介するスポットには番号が入っています。それぞれの番号は、本文の番号と対応しています。

◉ 立ち寄りスポット

散策の途中に立ち寄りできるスポットを紹介しています。

◉ ゴール地点

鉄道駅またはバス停をゴールとしています。ゴール地点から最寄駅・主要駅までの帰り方もしくは鉄道路線は、各コースの1ページ目に記載しています。

◉ ワンポイント

コース内で紹介できないみどころや商店街、特徴的な通りなどを紹介しています。

立ち寄りスポット

桜井甘精堂 栗の木テラス
さくらいかんせいどう くりのきてらす

優雅なティータイムを
西洋風のクラシカルな店内で、モンブラン（450円）などの手作りケーキと 常時15種類以上あるポットサービスの紅茶（550円〜）を味わいたい。
☎026-247-5848
🏠小布施町小布施784
🕐10:00 〜 18:00LO
🗓水曜（祝日の場合は営業）
MAP P44A1

➡

● スポット名
● カテゴリー　🍰…カフェ　🍴…食事処　🎁…おみやげ
● 電話番号 ☎026-247-5848
● 所在地 🏠小布施町小布施784
● 営業時間（LOはラストオーダーの時間）🕐10:00 〜 18:00LO
● 定休日 🗓水曜（祝日の場合は営業）
● 地図掲載位置 MAP P44A1

日本海

親不知

P12-13

北海道
北陸新幹線

糸魚川
上信越道

新潟県

富山県

飯山

南小谷

湯田中

長野

須坂

長野県

信濃大町

上信越自動車道

屋代

群馬県

軽井沢

岐阜県

松本

上田

小諸

塩尻

下諏訪

小海

奈良井

茅野

木曽福島

長野県

伊那市

小淵沢

南木曽

中央道

飯田線

中央道

山梨県

甲府

飯田

P14-15

北陸自動車道

北陸新幹線

青海駅

糸魚川駅

蓮台寺PA

姫川駅

親不知駅

糸魚川

顕城大野駅

黒姫山

根知駅

明星山

小滝駅

鋸岳

天狗原山

焼山

雨飾山

火

薬師岳

平岩駅

北小谷駅

大糸線

中土駅

小蓮華山

乗鞍岳

小谷村

南小谷駅

東山

西岳

九頭

白馬岳

千国駅

白馬大池駅

鑓ヶ岳

信濃森上駅

八方山

白馬村

白馬駅

唐松岳

飯森駅

神城駅

五龍岳

南神城駅

鹿島槍ヶ岳

簗場駅

青木湖

鋸岳

海ノ口駅

稲尾駅

信濃木崎駅

北大町駅

信濃大町駅

南大町駅

信濃常盤駅

安曇沓掛駅

信濃松川駅

白馬長野道路

小川村

聖山

麻績村

聖高原駅

筑北PA

麻

北陸道

四阿屋

筑北村

西条駅

魚津駅

滑川市

富山県

魚津市

黒部峡谷

黒部市

毛勝山

欅平駅

上市町

立山町

本宮駅

立山地鉄
立山線

立山寺

立山

有峰道路

大日岳

剱岳

立山

大汝山

浄土山

黒部ダム

大観峰駅

黒部湖駅

黒部平駅

蓮華岳

針ノ木岳

鷲岳

富山市

有峰林道
小口川線

薬師岳

有峰林道

黒部五郎岳

飛騨市

岐阜県

三俣蓮華岳

野口五郎岳

槍ヶ岳

北穂高岳

高山市

大天井岳

常念岳

燕岳

有明山

餓鬼岳

大町市

㉓ 安曇野松川 P130

松川村

細野駅

北細野駅

有明駅

池田町

砂川美術館

穂高駅

穂高神社

安曇追分駅

明科駅

生坂村

147

㉒ 穂高 P126

安曇野市

柏矢町駅

豊科駅

南豊科駅

中萱駅

梓川SA

梓川スマートIC

梓橋駅

安曇野

田沢駅 2020年9月無料化

三才山トン

長野県

篠ノ井線

松本トンネル

松本城

松本

松本駅

19

0 2 4 6 8 10km

1:450,000

新潟県

糸魚川市

新潟県

408

小川村

大町市

麻績村

生坂村

池田町

安曇野市

長野県

信州 INDEX MAP
①長野県北部

8 野沢温泉 P54

7 飯山 P50

6 湯田中渋温泉郷 P46

2 戸隠 P26

1 善光寺 P18

5 小布施 P42

4 須坂 P38

3 松代 P34

9 稲荷山 P58

10 姨捨棚田ハイキング P62

16 上田 P92

11 軽井沢 P66

12 信濃追分 P74

15 海野宿 P88

13 小諸 P78

17 塩田平 P96

14 岩村田 P84

新潟県

長野県

群馬県

信州 INDEX MAP

②長野県南部

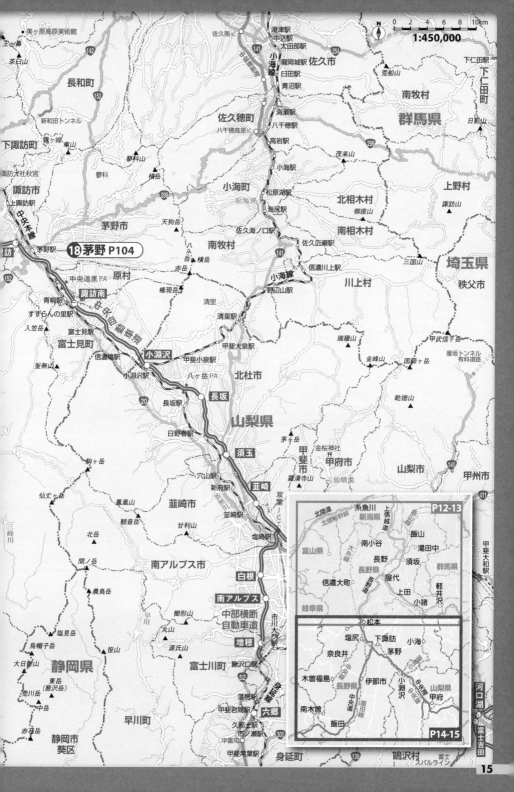

●馬籠・妻籠 ➡P144

●戸隠 ➡P26

●高遠 ➡P148

●小布施 ➡P42

●姨捨棚田ハイキング ➡P62

［信州］
善光寺・北信州

善光寺や戸隠神社などの信仰スポットや
千曲川沿いの歴史ある町並みを歩こう

善光寺

-ぜんこうじ-

北信州

●歩く時間 >>>約1時間30分　　●歩く距離 >>>約5.5km

1日コース START	長野駅	»	❶ 仲見世	»	❷ 善光寺	»	❸ 長野県信濃美術館 東山魁夷館	»
	JR北陸新幹線	徒歩30分	（所要20分）	徒歩7分	（所要40分）	徒歩8分	（所要50分）	徒歩10分

標高
400m
380m　長野駅
360m
18 340m　スタートから1km　　　　　　　　　　　2km

御利益いっぱい信州一の名刺と
門前町の賑わいを楽しむ

表参道沿いは花々に彩られ、
道しるべも多い

善男善女が全国からお参りにやってくる善光寺。早朝の「お朝事」、数え年で7年に一度の「御開帳」など、歴史ある行事が魅力だ。その門前町として栄えてきた長野。かつて、江戸から善光寺に向かった北国街道は、現在の表参道・中央通りにあたる。灯籠や善光寺までの道しるべが点在、季節の花が通りを彩り、商店のウインドウの一角を使った、まちかどミニ博物館も人気だ。仲見世の賑わいを楽しみつつ、善光寺をお参りしたら、信州をこよなく愛した東山魁夷の名作を鑑賞。善光寺の裏手を西に向かえば、樹齢千年のケヤキが迎える湯福神社。市内を見渡す眺望を楽しんで、ダライ・ラマ14世ゆかりのチベット仏がおわす西方寺へ。昔の暮らしを垣間見る古い商家の座敷で憩い、懐かしい香りがするアーケード街を抜ければゴール。長野の今と昔を満喫できるコースだ。

おさんぽアドバイス

長野駅から善光寺への表参道・中央通りは長野のメインストリート。賑やかな通りはついついウインドウに目が行く。ずっと緩やかな上り坂なので、歩きやすい靴がおすすめ。権堂商店街のローカルな雰囲気も要チェック。

●おすすめ季節 >>>春🌸(4~5月)秋🍁(9~10月)

④ 湯福神社 ≫ 徒歩20分 **⑤** 西方寺 ≫ 徒歩3分 **⑥** 門前商家 ちょっ蔵おいらい館 ≫ 徒歩8分 **⑦** 秋葉神社 ≫ 徒歩1分 **GOAL** 権堂駅

（所要10分）　（所要25分）　（所要25分）　（所要15分）

長野駅へは
長野電鉄長野線
長野行きで
4分
170円

3km	4km	5km	
④	⑤	⑥ ⑦権堂駅	400m 380m 360m 340m

善光寺

広域図はP164へ

1:8,000
0　80m

石灯籠（いしどうろう）
旧北国街道沿いに立つ灯籠。石造りのものもあれば、木製の復刻版もあり。情緒ある善光寺への目印。

十八丁の石碑（じゅうはっちょうのせきひ）
明治21年（1888）、長野駅開業の際、その位置を善光寺から18丁と定め、善光寺まで1丁（約110m）ごとに石碑を設置した。

くすり博物館（くすりはくぶつかん）
「まちかどミニ博物館」のひとつ。調剤用の薬研、薬味だんすなどの懐かしい道具類が展示されている（小林薬局）。

西光寺（さいこうじ）
絵解きの寺といわれ、日本五説教のひとつ「刈萱上人石童丸親子」の悲話の絵解きを聞ける。

権堂商店街（ごんどうしょうてんがい）
昭和36年（1961）に誕生した長野県下初のアーケード商店街。長野県随一の繁華街であり歓楽街。昼も夜も大いに賑わう。

START　長野駅

❼秋葉神社

GOAL

ここまで 1km

和紙博物館 (わしはくぶつかん)

「まちかどミニ博物館」のひとつ。古い台帳や、信州産の和紙など、和紙を扱う店ならではの品物を展示(柏与紙店)。

往生地公園 (おうじょうちこうえん)

急坂の途中にある公園。ここからは長野市内をはじめ、信州北部の山々が一望できる。眺めの良さが気持ちいい。

🏠 木の花屋 大門町店 P25

④ 湯福神社

⑤ 西方寺

ここまで 4km

🏛 西之門よしのや P25

🍴 かどの大丸 P33

☕ カフェ テラ P25

クイチそば 今むらそば 本店 P33

ここまで 2km

② 善光寺

ここまで 3km

ここまで 5km

藤木庵 P25

🏛 ギャルリ蓮 P25

🍴 そば処 小菅亭 P33

根元 八幡屋礒五郎 P25

① 仲見世

⑥ 門前商家 ちょっ蔵おいらい館

③ 長野県信濃美術館 東山魁夷館

長野市道路元標 (ながのしどうろげんぴょう)

長野市の道路の起点はここ善光寺の門前。すべての道は善光寺に通じるのかも。かつてはここに高札場があった。

❶ 仲見世
なかみせ

門前の賑わいが楽しい

善光寺の仁王門をくぐると、左右に宿坊や50軒余りのみやげ店、飲食店が軒を並べる仲見世。その歴史は古く仲見世の原型は江戸時代ごろにできたという。門前町の賑わいを感じつつ、昔ながらの和風、レトロ調と、さまざまな看板を眺めるのも楽しい。

🅟長野市長野元善町
MAP P21E3

（上）参道沿いには宿坊が並ぶ一角もあり。
（下）看板もみどころ

寛延3年（1750）築の山門は重要文化財。楼上の「善光寺」の額は必見。山門に上れる特別拝観がある

❷ 善光寺
ぜんこうじ

全国から参詣に来る信州一の名刹

善光寺は「一光三尊阿弥陀如来」を御本尊とする、創建約1400年になる古刹。善男善女が参詣する民衆の心に根ざしたお寺だ。境内には国宝の本堂をはじめ、山門、長野五輪開会の鐘となった鐘楼などみどころも多い。本堂内々陣のお戒壇めぐりや、早朝の法要「お朝事」など独特の行事も興味深い。

☎026-234-3591
🅟長野市長野元善町491-イ
🈺休境内自由
💰境内無料（内陣拝観500円）
MAP P21F3

宝永4年（1707）再建。国宝の本堂を中心に参拝者が絶えない

豆知識

御開帳
ごかいちょう
7年に一度の開催

絶対秘仏の御本尊の身代わりとして、鎌倉時代に作られた「前立本尊」が、数え年で7年に一度御開帳される。期間中に本堂前に立てられる「回向柱」にふれると、前立本尊にふれるのと同じご利益があるといわれている。次は2022年4月3日〜5月29日の開催予定。

「回向柱」は御開帳終了後、境内の一角へ

❸ 長野県信濃美術館 東山魁夷館
ながのけんしなのびじゅつかん ひがしやまかいいかん

2019年にリニューアルされた東山魁夷館

東山魁夷の生涯を解説した創作の部屋

展示室の様子

信州を愛した画家の名画を鑑賞

　信州の風景画や長野県ゆかりの画家の作品を収蔵、展示する長野県信濃美術館。隣接する東山魁夷館は収蔵作品数970点余り。約2カ月ごとに展示替えがあり、日本の風土や季節を感じ、情緒あふれる東山作品を目にすることができる。

東山魁夷館のオリジナルグッズを販売。クリアファイル440円、ポストカード100円など

☎026-232-0052　🏠長野市箱清水1-4-4(善光寺東隣り)
🕘9:00〜17:00　🚫水曜　💰東山魁夷館コレクション展500円
MAP P21F3

※長野県信濃美術館は改築工事のため休館中。2021年春リニューアルオープン予定

❹ 湯福神社
ゆぶくじんじゃ

樹齢1000年を超す巨木が見事

　湯福神社は古くから風の神を祀り、善光寺の氏神、戸隠神社の守護神として由緒ある神社。秋祭には善光寺からの参拝がある。境内には善光寺開祖本田善光の墓と伝わる古墳を収めた廟もある。また樹齢800〜1000年の大ケヤキが3本そびえ、その大きさには思わず息をのむ。

本田善光の廟
本殿を挟むようにそそり立つ大ケヤキ

☎026-234-7410
🏠長野市箱清水3-1-2
🕘🚫💰境内自由　MAP P21F2

豆知識

善光寺びんずる市
ぜんこうじびんずるいち
手作り市がスタート

善光寺本堂内に安置された、なで仏「びんずる様」。300歳になるのをお祝いし2013年から手作り市「善光寺びんずる市」がスタート。4〜11月の第2土曜10〜15時に境内一帯で開催される。

なで仏として信仰されるびんずる様

金箔の黄金に輝く大きな阿弥陀仏
は荘厳で神秘的

境内はかつて長野県
庁が置かれたところ

❺ 西方寺
さいほうじ

黄金の大仏がつむぐ仏の世界

西方寺は善光寺とゆかりが深く、大本願菩提所であり、仮本堂が置かれたこともある。また明治期には県庁が置かれ、「長野県」の県名由来の地でもある。境内の極楽堂は必見。チベット学の権威である住職と親交の深いダライ・ラマ14世が開眼供養を行った、チベット人仏師の手による塑像の阿弥陀大仏と、極彩色の八大菩薩画像がすばらしい。

☎026-237-2707　🏠長野市西町1019
🕐休料参拝自由　MAP P21D2

❻ 門前商家ちょっ蔵おいらい館
もんぜんしょうかちょっくらおいらいかん

懐かしいたたずまいの商家で一服

善光寺門前町の代表的な商家のひとつを保存した施設。幕末ごろに建てられた油問屋で、母屋、蔵などが移築され、ギャラリーなどに利用されている。商家の成り立ちなど歴史的な価値を感じるとともに、当時の暮らしがにじむたたずまいが温かい。お茶のサービスもあり、散策途中の休憩にも利用できる。

☎026-235-0100　🏠長野市東町165-3
🕐9:00～17:00　休月曜、祝日の翌日　料無料　MAP P21D3

権堂を訪れたら
お参りしたい

❼ 秋葉神社
あきばじんじゃ

火防開運・厄除けの神様を祀る

地元権堂町の鎮守様として親しまれ、近隣からも多くの参拝者が訪れる。節分に行われる追儺祭は、有名芸能人が参加し豆撒きが行われ、特に賑わう。境内には料理の神と包丁道の祖を祭る全国でも2社しかない四条霊社や、江戸時代後期の侠客、国定忠治の墓もある。

☎026-232-7013
🏠長野市鶴賀権堂町2231
🕐休料参拝自由　MAP P20C3

国定忠治の墓

白い漆喰が美しい外観

立ち寄りグルメ＆ショップ

藤木庵
ふじきあん

善光寺門前の手打ちそばの名店

190年余りの歴史が香る老舗そば店。長野県産「霧下蕎麦」を石臼挽きした手打ちそばは、香り、喉ごしともに抜群。ごくらく蕎麦（1320円）はもり汁、くるみ汁、とろろ汁の3種の汁でいただくオリジナル。

☎026-232-2531
住長野市大門町67
時11:00〜15:00
（14:30LO）
休火曜（祝日・繁忙期は除く）
MAP P21D3

根元 八幡屋礒五郎
こんげん やわたやいそごろう

七味唐辛子からスイーツまで

元文元年（1736）創業の七味唐辛子の老舗。山国信州ならではの材料の配合で風味がすばらしい。七味缶は14g400円。ほかにも生姜糖（1枚324円）やスパイスチョコレート（1枚648円）など七味材料を生かしたスイーツも。

☎0120-156-170
（本社）
住長野市大門町83
時9:00〜18:30
休無休
MAP P21D3

ギャルリ蓮
ぎゃるりれん

心なごます万華鏡やとんぼ玉

善光寺宿坊内にあるギャラリー。美しい万華鏡やとんぼ玉のほか、心やすらぐ音色を奏でるオルゴールボール（4620円〜）が人気。天然石を使ったブレスレット作りやサンキャッチャー作りなどのもの作り体験も好評。

☎026-238-3928
住長野市元善町465（白蓮坊内）
時10:00〜17:00
休火曜
料ブレスレット手作り体験3000円〜など
MAP P21E3

カフェ テラ
かふぇ てら

季節感あるジェラートが人気

仲見世にあるカフェ。信州産季節のフルーツや自然素材使用のジェラート（470円〜）が人気だ。エスプレッソマシンで淹れる北イタリアスタイルのコーヒーは本格派。カフェラテは500円（写真）。テイクアウトも可。

☎026-217-5541
住長野市元善町484 時12:00〜17:30（日曜、祝日11:00〜、季節により変更あり）
休火曜（季節により変更あり）
MAP P21E3

西之門よしのや
にしのもんよしのや

こだわりが詰まった酒と味噌

善光寺のすぐそばで江戸時代から続く蔵元。試飲、試食の種類が豊富で、作り手の情熱を聞きながらの買い物も楽しい。香りとコクのある純米酒や、熟成のうま味がすばらしい味噌はぜひおみやげに。宅配便の用意もある。

☎026-237-5000
住長野市西之門町941
時8:30〜17:30
休無休
MAP P21E2

木の花屋 大門町店
このはなや だいもんちょうてん

信州の伝統野菜を使った漬物が評判

信州・長野県産にこだわった多彩な漬物、佃煮、ジャムを販売している。信州産きのこ炊き込みご飯の素（2合用490円）や、自社栽培した野沢菜本漬とシソの実を醤油漬けにした野沢菜しそ醤油漬（100g420円）などが人気。

☎026-252-7001
住長野市大門町515
時10:00〜18:00
（冬期は〜17:00）
休無休
MAP P21D3

コース **2**

『北信州』

糸魚川 戸隠 飯山
南小谷 ★ 湯田中
須坂
長野 軽井沢
屋代 小諸
信濃大町 上田
松本

戸隠

・とがくし・

● 歩く時間 >>> 約**3時間20分**　　● 歩く距離 >>> 約**8.7km**

 1日
コース START

バス停戸隠奥社入口 >>　❶ 奥社　>>　❷ 九頭龍社　>>　❸ 鏡池　>>

長野駅から
アルピコ交通バス
戸隠キャンプ場
行きで
1時間10分
1450円

徒歩40分

（所要15分）

徒歩すぐ

（所要10分）

徒歩60分

（所要15分）

徒歩50分

標高
1300m
1200m
1100m
1000m

戸隠奥社入口

❶ ❷

スタートから 2km

❸

4km

26

悠久の歴史と緑に包まれた古道を 五社参拝ウォーキング

参拝コースなど30カ所の石柱で拓本をとる集印帳。
戸隠観光情報センター（**MAP** P28B3）で販売

野鳥さえずる森や湿地が点在し、自然散策やレジャー客で賑わう戸隠。峻険な霊山・戸隠山とその麓は、修験道や神話の里としての歴史をもつ。戸隠神社とは、山麓に鎮座する奥社、九頭龍社、中社、火之御子社、宝光社を総称していう。古の道に時を感じながら、5つの社と静かな2つの池を巡ってみよう。まずは神秘的な杉並木の参道を上って奥社、九頭龍社へ。折り返したら途中で参道を逸れて戸隠森林植物園を経由し、鏡池に向かう。切り立つ戸隠山を鏡のごとく映す鏡池は、戸隠屈指の風景。さらに野鳥の多い散策道をゆるやかに上ると、小鳥ヶ池、そして中社に到着。中社の境内には杉の銘木も立ち、門前一帯は宿坊やそば店、特産の竹細工店などが連なる。宝光社までバス通りに並行する古の参拝道「神道」を歩こう。宝光社の境内も杉の古木と静寂が心地よい。

おさんぽアドバイス

本来、手前の宝光社から奥社へと参拝するが、奥社から始めるほうが全体に下り基調となり歩きやすい。中社、火之御子社、宝光社はバス停に近いので、歩きに自信がない場合はバスの活用を。

◉ おすすめ季節 >>> 初夏 🍃 (5~7月) 秋 🍁 (9~10月)

④ 小鳥ヶ池 ≫ **⑤ 中社** ≫ **⑥ 火之御子社** ≫ **⑦ 宝光社** ≫ **GOAL バス停戸隠宝光社**

徒歩10分
（所要5分）

徒歩20分
（所要20分）

徒歩20分
（所要5分）

徒歩20分
（所要10分）

徒歩すぐ

長野駅へは
アルピコ交通バス
長野バスターミナル
行きで
1時間
1150円

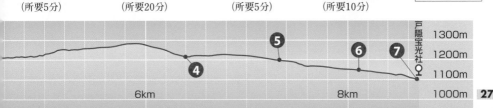

戸隠宝光社前

1300m
1200m
1100m
1000m

6km   8km

戸隠

広域図はP164へ

N 0　300m
1:25,000

① **奥社**

② **九頭龍社**

ここまで **2km**

ここまで **1km**

ここまで **3km**

ここまで **4km**

随神門

奥社参道（杉並木）

戸隠森林植物園

天命稲荷

③ **鏡池**

鏡池どんぐりハウス P31

みどりが池

八十二森のまなびや

戸隠

稚児の塔

森林植物園

大鳥居

戸隠奥社入口

戸隠忍法資料館
忍者からくり屋敷
戸隠民俗館

START

越水ヶ原

戸隠スキー場

とがくししんりんしょくぶつえん
戸隠森林植物園

奥社の参道に隣接する原生林や湿地の中に、いくつもの散策道を整備。春には50万株が咲き誇るミズバショウ園は必見。

長野市

**そば茶屋
極楽坊** P33

そばの実 P32

鏡池入口

比丘尼石

越後道

公明院入口

越水ヶ原

ここまで **5km**

ここまで **6km**

ここまで **7km**

④ **小鳥ヶ池**

⑤ **中社**

戸隠神社

戸隠中社
戸隠観光
情報センター

すずりいし
硯石

鏡池〜小鳥ヶ池の道は、人けが少なく距離もある。朝夕の散策は避けよう。途中の硯石は北アルプスを望む絶景ポイント。

**徳善院
蕎麦極意** P32

うずら家 P31

中社の参道

中社大門

原山竹細工店 P31

戸隠そば
山口屋

戸隠営業所

ここまで **8km**

戸隠神社

⑥ **火之御子社**

水源池

ちゅうしゃのさんどう
中社の参道

中社の門前には杉の古木が立ち、館内に神殿を持つ宿坊や名物のそば店、竹細工店などが軒を連ね、趣深い。

⑦ **宝光社**

伏拝所

戸隠神社

戸隠宝光社

GOAL

地蔵堂前

男龍沢

戸隠神社前郵便局

商工会館前

戸隠そば博物館とんくるりん

長野市街へ

黒姫・信濃町へ

戸隠イースタン
キャンプ場

戸隠キャンプ場

戸隠神社

戸隠山へ

荘厳な杉の並木は県の天然記念物。不思議なパワーを求める人の姿も

❶ 奥社
おくしゃ

山裾に立つ戸隠神社の本社

県道すぐの大鳥居を入り砂利道を進むと、随神門が現れる。そこから両側に樹齢400年、約300本という杉の巨木が連なる。やがて石段の山道となり、これを上りきると奥社に到着する。天岩戸を開いた天手力雄命（あめのたぢからおのみこと）が祭神で、ご利益はスポーツ必勝、開運、心願成就など。

☎026-254-2001（中社社務所）
🏠長野市戸隠奥社
時休料 参拝自由（1月7日〜4月中旬は閉山）
MAP P28A1

屋根に苔むした随神門。
折り返してきたらここから鏡池方面へ

天岩戸と伝えられる戸隠山の山裾に奥社がある

奥社のすぐ隣に鎮まる九頭龍社の社殿

❷ 九頭龍社
くずりゅうしゃ

戸隠の地に根差してきた水の神

奥社社殿に向かって左手に立つ。祭神は九頭龍大神（くずりゅうのおおかみ）。鎮座の年月は不明だが、水の神、雨乞いや虫歯、縁結びの神として信仰を集めてきた、戸隠最古の神社。お札やご朱印などの授与は奥社・九頭龍社共通の窓口で受けられる。

☎026-254-2001
（中社社務所）
🏠長野市戸隠奥社
時休料 参拝自由（1月7日〜4月中旬は閉山）
MAP P28A1

歩いて参拝した記念に

▶ 歩きたい 散 歩 道

二千年の歴史をつづる
戸隠神社と戸隠古道

平安期には修験道の地として名を馳せた戸隠山。神仏混淆の時代には戸隠山顕光寺と称し栄えたが、明治に入り神仏が分離される戸隠神社に。一帯には山岳修験の道や奥社への参拝道、新潟へ通じる越後道などが交錯し、なかには武田信玄ら戦国武将が使った道もあるという。現在は一部が戸隠古道として整備されている。本コースで歩く中社〜宝光社間の〝神道（かんみち）〟もそのひとつだ。

山里の風情たっぷりな神道

④ 小鳥ヶ池
ことりがいけ

小鳥が憩う癒やしの池

鏡池からひっそりとした一本道の散策道を歩くと小鳥ヶ池に。落葉樹林や湿性植物、野鳥のさえずりなど自然のハーモニーが楽しめる。池を取り巻く遊歩道は一周約30分。

☎026-254-2888（戸隠観光情報センター）　🅟長野市戸隠　🈳🈯散策自由　🅜🅐🅟P28B3

落ち着いて自然を満喫できる池

③ 鏡池
かがみいけ

季節や時間によりさまざまな表情を見せる鏡池

霊峰を映し出す鏡のような湖面

戸隠屈指の景勝ポイント。神秘的な静寂のなか、空と戸隠連峰を映し出す青い水面は文字どおり鏡のようで、その様子をカメラに収める人の姿が絶えない。湖畔の遊歩道は一周約30分。県道のバス停鏡池入口から直接入る道は徒歩30分（冬期車両通行止め）。

☎026-254-2888（戸隠観光情報センター）　🅟長野市戸隠　🈳🈯散策自由　🅜🅐🅟P28A2

📚 歴史を学ぶ

戸隠の神話、岩戸伝説

神代の昔、天照大神の弟の素戔嗚尊の乱暴狼藉を嫌った天照大神が岩戸に籠ってしまい、この世は暗闇に。神々が集まり、天照大神が岩戸から出るよう策を練る。天八意思兼命の発案で岩戸の前で祭りを行うことに。天鈿女命の踊りで盛り上がる気配に気を引かれ、天照大神が岩戸を開いたところを、すかさず天手力雄命が遠くへ投げ飛ばした。落ちた岩戸が戸隠山。

切り立った岩山の戸隠山

狩野派の絵師・河鍋暁斎による『龍の天井絵』（復元）にも注目

⑤ 中社
ちゅうしゃ

戸隠五社参拝の拠点

奥社、宝光社に続く寛治元年（1087）の創建で、現在は戸隠五社参拝の中核となっている。祭神は天八意思兼命。入母屋造の拝殿のほか、境内に立つ樹齢700年以上のご神木や、800年以上の三本杉もみどころ。宝物館では戸隠信仰に関わる資料を収蔵・展示。

拝殿右手にほとばしる「さざれ滝」

☎026-254-2001（中社社務所）　🅟長野市戸隠3506　🈳🈯参拝自由　🅜🅐🅟P28B3

境内は無人。お札の授与は中社へ

❻ 火之御子社
ひのみこしゃ

技芸をよくする祭神

岩戸の前で舞った天鈿女命が主祭神であることから、芸能全般や縁結びにご利益がある。戸隠神社で献奏する「太々御神楽」もこの神社の社人により伝承された。境内には「結びの杉（二本杉）」や、歌人・西行にちなんだ「西行桜」がある。

☎026-254-2001（中社社務所）
🏠長野市戸隠2412
🕐休料参拝自由　MAP P28B4

正面の鳥居から300段近くの急な石段。杉木立も美しい

❼ 宝光社
ほうこうしゃ

急な石段と見事な彫刻の社殿

祭神の天表春命は中社の祭神の御子にあたり、女性や子供の守り神と慕われている。社殿に見られる江戸時代の寺院建築様式は、神仏習合の名残。本コースで"神道"から下っていくと石段上に出られるが、正面の鳥居からの石段も時間があれば歩いてみたい。

名人・北村喜代松らによる拝殿の彫刻が見事

☎026-254-2001（中社社務所）
🏠長野市戸隠2110
🕐休料参拝自由
MAP P28B4

おさんぽの途中に！　　**立ち寄りグルメ＆ショップ**

☕ 鏡池どんぐりハウス
かがみいけどんぐりはうす

アレンジ多彩なガレットを

鏡池畔のカフェ＆ショップ。おすすめはそば粉のクレープ"ガレット"。信州サーモンや野菜をトッピングした信州づくしガレット（2030円）のほか、デザート系も。テラス席は犬同伴OK。

☎026-254-3719
🏠長野市戸隠2039-10　🕐9:00～17:00（季節により変動あり）
🚫水曜　MAP P28A2

🛍 原山竹細工店
はらやまたけざいくてん

根曲り竹を使った伝統の竹細工

職人のご主人が作る製品は、水切れのよいそばざる（3800円～）や籠類など、戸隠の伝統を受け継いでいる。店内の工房では竹細工体験も可（1500円～、要問合せ）。

☎026-254-2098
🏠長野市戸隠3393
🕐8:00～18:00（季節により変動あり）　🚫不定休　MAP P28C3

🍜 うずら家
うずらや

風味も食感も絶妙なそば

戸隠神社門前に立つ人気店。玄そばを熟成し、最も風味が増す厳冬期に石臼で挽き、冷凍保存しているそば粉は、風味豊かで喉ごしも絶妙。ざるそば（880円）など。

☎026-254-2219　🏠長野市戸隠3229　🕐10:30～16:00（売り切れ次第終了）　🚫水曜（12・1月に休業期間あり。冬期は火・水曜休）　MAP P28C3

戸隠・善光寺 そばのおいしい店

信州の名物料理といえば「そば」。おいしいそばが育つという戸隠で評判のそば店へ、あるいは、善光寺門前のこだわりそば店へ。本場の味を食べ歩いてみよう。

ざるそば
900円
細めでコシがある
そばをだしが利いた
ツユでいただく

そばの実
そばのみ

石臼挽き・自家製粉の手打ちそば

地元戸隠の契約農家から仕入れた良質な玄そばを、石臼で自家製粉して打つ。水はミネラルを豊富に含んだ戸隠山からの伏流水を使用。冷水できりっとしめたそばは「十割そば」(1100円)や3種のつけ汁が付く「そば三昧」(1400円)などで味わえる。

☎026-254-2102　長野市戸隠3510-25　11:00〜16:00(売り切れ次第終了の場合あり)　木曜、第2金曜　**MAP**P28B3

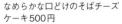

なめらかな口どけのそばチーズ
ケーキ500円

鏡池に向かう道の角に立つ
一軒家の人気店

徳善院蕎麦極意
とくぜんいんそばごくい

戸隠の老舗宿坊が営むそば店

江戸時代から続く宿坊「極意」が営むそば店。喉ごしのよい手打ち細切りそばと少し濃いめのツユがよく合う。主人いわく「戸隠のそばは本来、食事の席でいただくもの」だそうで、必ずおかずが付く。お昼の膳でも宿坊の季節料理とそばがセットで、人気が高い。

ざる蕎麦880円に
も小鉢が2品付く

店は宿坊に併設。宿坊は有形文化財の歴史ある建物

☎026-254-2044
長野市戸隠3354
11:45〜14:00
(売り切れ次第終了)
不定休
MAPP28C3

季節のお楽しみ膳
1595円
冷たいそば2種と
天ぷらなど季節の
宿坊料理が付く

そば茶屋極楽坊
そばちゃやごくらくぼう

手打ち細切りそばと旬の料理

主人は戸隠の宿坊そばを伝承。手打ち細切りの香り高いそばを出してくれる。ざるそばのツユはコクのあるしっかりした味。地元の旬の食材にもこだわり、地野菜の天ぷらが評判。

☎026-254-3267
🏠長野市戸隠3611-5
🕐10:30～17:00LO(12～3月11:30～16:30LO)
🈲木曜(祝日の場合は営業) MAP P28B2

モダンな雰囲気の店内には囲炉裏の間もある

ざるそば 900円
そばの香りと喉ごしをシンプルに楽しめる

クイチそば 今むらそば本店
くいちそば いまむらそばほんてん

明治23年(1890)創業の老舗そば店

信州産そば粉9割の九一そばが自慢。「御膳そば」はそばの風味を存分に味わえると人気。しなの地鶏を使ったオリジナルのつけそばや温かいそばもおすすめ。

☎026-232-3518
🏠長野市西後町1637-3
🕐11:00～14:30、17:30～19:30(土・日曜、祝日11:00～18:00)
🈲火曜 MAP P21D3

家族経営ならではの温かいもてなし

御膳そば天ぷら付き 2420円
代々続く看板メニュー。御膳そば単品は1210円

そば処 小菅亭
そばどころ こすげてい

著名人も訪れる老舗そば店

明治28年(1895)創業。信州産のそば粉で打った香り高い二八そばを出す。ツユは利尻昆布と土佐の鰹節でとっている。皇室にもご奉仕されたそばが多くの人に愛されている。

☎026-232-2439
🏠長野市東之門町367
🕐11:00～15:00
🈲無休
MAP P21E3

店内は広く居心地がよい

きのこ天ざる 1375円
季節のきのこの天ぷらが付くざるそばが人気

かどの大丸
かどのだいまる

店頭で職人が打つそばを堪能

創業300余年、善光寺門前の老舗そば店。ざるは、香り高いさらしなそば(1000円)と、コシのあるざるそば(800円)の2種類があり、風味豊かなそばを堪能できると人気だ。

☎026-232-2502
🏠長野市大門町504
🕐9:00～17:50LO
🈲不定休
MAP P21E3

善光寺へと続く境内入口に店がある

こがねそば 1200円
生卵と和えて金粉と海苔を散らす。奥は「さらしなそば」

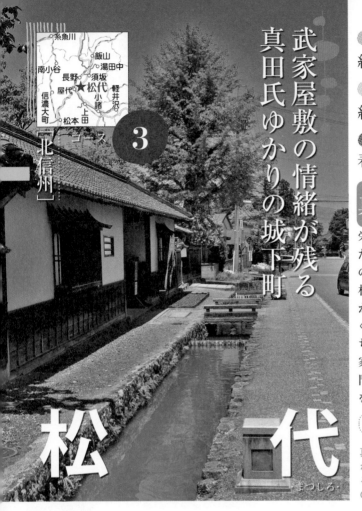

武家屋敷の情緒が残る
真田氏ゆかりの城下町

松代

・まつしろ・

［北信州］

コース 3

● 歩く時間 >>>
約45分

● 歩く距離 >>>
約2.2km

● おすすめ季節 >>>
春🌸（4~5月）

真田家十万石の城下町として約250年にわたって栄えた松代には、復元された松代城をはじめ、松代城の城外御殿の真田邸や、藩校・文武学校など真田家ゆかりの歴史的スポットが数多く残っている。また、町のあちこちに真田家家臣らの旧武家屋敷も点在している。表門などを見ながら歴史散策を楽しみたい。

おさんぽアドバイス

真田公園を中心に道筋が整備されているので気軽に散策できる。歴史的景観の家でも個人宅の場合があるので注意を。

半日コース　START
バス停松代駅 ≫ ❶ 真田宝物館 ≫ ❷ 松代城跡 ≫ ❸ 文武学校 ≫ ❹ 象山神社 ≫ GOAL バス停松代駅

長野駅からは
アルピコ交通バス
松代駅行きで
30分
660円

徒歩5分 （所要40分）

徒歩4分 （所要30分）

徒歩5分 （所要20分）

徒歩10分 （所要30分）

徒歩20分

長野駅へは
アルピコ交通バス
長野駅行きで
30分
660円

標高
355m
350m
345m

松代駅

❶ ❷ ❸ ❹

松代駅

スタートから0.5km　1km　1.5km　2km

広域図は
P164へ

N

0　　　50m
1:5,000

② 松代城跡

START

松代駅跡

GOAL
松代殿町

松代駅

🍴 竹風堂 松代店
P37

中町

松代中町

広域図はP164へ

郷土銘菓処 かどや本店
きょうどめいかどころ かどやほんてん

明治10年(1877)創業。伝統の
味を守りつつ、洋菓子の発想
を取り入れた菓子が話題に。
バターとチーズが香るパイ風
の焼菓子・真田重宝(1個162
円)が人気。

①真田宝物館

松代観光案内所

松代観光センター

ここまで
2km

長野松代総合病院

長野松代総合病院

JA

旧松代藩鐘楼

真田邸

松代公民館

松代小

③ 文武学校

真田公園

🍴 日暮し庵 P37

**📷 カフェ
エレファントマウンテン**
P37

旧横田家住宅
きゅうよこたけじゅうたく

中級武士の武家屋敷。松
代の中級武家住宅の典型
的な間取り、構成を残す。
2021年春ごろまで改修の
ため休館。

八十二

松代八十二銀行前

長野市

松代町松代

松代郵便局前

紺屋町公民館

紺屋町

松代局

長野市役所支店

松代文化ホール

ここまで
1km

旧樋口家住宅
きゅうひぐちけじゅうたく

真田家の家臣で藩の目付
役なども務めた上級武士
の家柄。主屋、土蔵など
が見られる。時9:00〜
17:00 休無休 料無料

④ 象山神社

神田川

代官町公民館

大英寺

📷 象山記念館 P36

象山保育園

35

① 真田宝物館
さなだほうもつかん

真田家に伝わった道具を見る

真田家伝来の武具、調度品、書画、文書などの大名道具を収蔵・展示。国の重要文化財「青江の大太刀」や、真田昌幸（信之・幸村の父）所用の「昇梯子の具足」をはじめ、武田信玄、豊臣秀吉、石田三成、徳川家康らの書状など貴重な資料は5万点に及ぶ。年4回展示替えが行われる。

☎026-278-2801
🏠長野市松代町松代4-1
🕐9:00～17:00（入館は～16:30）
🈳火曜（祝日の場合は開館）
💴入館600円、真田邸・文武学校との3館共通券1100円
MAP P35B2

真田家から寄贈された貴重な武具や美術品が展示されている

真田公園の一画にある。すぐ近くに真田邸や文武学校もあるのであわせて見学したい

歩きたい散歩道

佐久間象山の事績にふれる

象山神社近くに立つ象山記念館。幕末に活躍した松代藩士・佐久間象山の事績や遺品・遺墨を展示。象山は砲術やオランダ語を学び、数々の科学実験を行うなどの発明品から、カメラや電信機などの多才ぶりがわかる。

☎026-278-2915
🏠長野市松代町松代1446-6
🕐9:00～17:00（入館は～16:30）
🈳火曜（祝日の場合は開館）
💴入館400円
MAP P35B4

※入館時間、休館日は変更の場合があるので詳細はホームページで要確認

復元された太鼓門と前橋。松代城跡は桜の名所で、4月中旬に見頃を迎える

② 松代城跡
まつしろじょうあと

天然の要塞と称された城の跡

永禄3年（1560）ごろ、武田信玄と上杉謙信の川中島合戦の際、武田側の拠点として築城されたと伝わる。元和8年（1622）以降は真田氏が10代にわたって城主となった。明治の廃城に伴い石垣を残すのみとなっていたが、現在は、櫓門、石垣、土塁、堀などが復元され、江戸時代の姿を見せている。

初めは海津城と称された

☎026-278-2801（真田宝物館）
🏠長野市松代町松代44
🕐9:00～17:00（入館は～16:30）
🈳無休
💴無料
MAP P35A1

槍の稽古が行われた槍術所。威厳を感じさせる空間

③ 文武学校
ぶんぶがっこう

文武両道、松代藩の藩校

藩士の子弟が学問と武道を学ぶ場として、安政2年（1855）に開校した。建物は創建時の姿を現在に伝える貴重な遺構で、国の史跡に指定されている。剣術所、柔術所、弓術所、槍術所などが見られる。長期にわたる保存整備工事が完了し、2020年秋に見学再開予定。

江戸時代の姿を伝える遺構が随所にある

☎026-278-6152　⊕長野市松代町松代205-1　働9:00～17:00(入館は～16:30)　働無休　働入館400円、真田宝物館・真田邸などとの共通券もある　MAP P35A3
※入館時間、休館日は変更の場合あり。詳細はHPで要確認。見学再開までの問合せは☎026-278-2801(真田宝物館)へ

④ 象山神社
ぞうざんじんじゃ

知恵と学問の神として親しまれる

幕末の松代藩士で思想家の佐久間象山を祀る神社。境内には、象山と明治維新の志士たちの銅像群、国家の時勢を論じたという「高義亭」や茶室「煙雨亭」など、象山ゆかりの建物が移築されている。境内に隣接して佐久間象山邸跡がある。

☎026-278-2461
⊕長野市松代町松代1502
働働働境内自由（社務所9:00～17:00、無休）　MAP P35A4

昭和13年(1938)に建立された総檜材桃山式流造りの社殿は国の登録有形文化財

おさんぽの途中に！　立ち寄りグルメ＆ショップ

竹風堂 松代店
ちくふうどう まつしろてん

栗菓子の老舗で栗を満喫

伝統の栗ようかん・栗かの子や栗おこわが名物。食事は栗おこわの山家定食（1925円）がおすすめ。「どら焼山 栗粒あん」（1個216円）はおみやげに人気。

☎026-278-1711　⊕長野市松代町殿町10　働8:00～18:00(7・8月は～19:00)、食事・喫茶10:00～17:30LO(7・8月は～18:30LO)　働1・2月の木曜　MAP P35A2

日暮し庵
ひぐらしあん

松代特産の長芋のとろろ

国の登録有形文化財の建物を利用したお店。手打ちそばに、長芋を地元の味噌で味を調えた「味噌とろろ」と米・麦・そば米を炊いたむぎめしが付いたそば定食（1400円）が人気。

☎026-278-3356　⊕長野市松代町殿町190-2　働11:00～14:00LO(土・日曜、祝日は～14:30LO)　働火曜　MAP P35B2

カフェ エレファントマウンテン
かふぇ えれふぁんとまうんてん

通年楽しめるかき氷が人気

ふわふわの氷に自家製シロップをかけたかき氷が一年中楽しめる。定番のいちご（748円）など種類豊富なかき氷のほか、フードメニューも充実。広いキッズスペースも完備。

☎026-214-3674
⊕長野市松代町松代176
働11:00～18:30LO(冬期は～17:30LO)　働火曜　MAP P35C3

糸魚川
南小谷　飯山　湯田中
　　長野　★須坂
信濃大町　屋代　　軽井沢
　　　　　小諸
松本　上田

町家や土蔵が点在 歴史ある蔵が生きる町

須坂

・すざか・

● 歩く時間 >>>
約55分

● 歩く距離 >>>
約2.4km

● おすすめ季節 >>>
春 (4~6月) 秋 (10~11月)

須坂は、江戸時代には藩主の館町で、大笹街道と谷街道が交差する交通の要衝として発展。明治から昭和初期にかけては養蚕や製糸業により繁栄した。町には当時の蔵造りの町家や土蔵が多く点在し、蔵を生かした美術館や博物館も多い。懐かしい雰囲気の通りを巡り、歴史的文化財もある臥竜公園へ向かいたい。

おさんぽアドバイス

臥竜公園に向かってやや上り坂で、公園内での散策はちょっとしたハイキングなので、特に歩きやすい靴がおすすめ。

半日コース　START

須坂駅
長野駅からは長野電鉄長野線特急で20分650円

❶ 岡信孝コレクション・須坂クラシック美術館

徒歩6分
(所要40分)

❷ 須坂市ふれあい館まゆぐら

徒歩3分
(所要20分)

❸ 豪商の館田中本家博物館

徒歩27分
(所要30分)

❹ 臥竜公園

徒歩17分
(所要60分)

GOAL バス停臥竜公園
須坂駅へは長電バス須坂駅行きで15分200円

徒歩すぐ

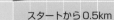

標高
400m
380m　❶❷
360m　須坂駅
340m　スタートから0.5km　1km　1.5km　2km
❸　❹ 臥竜公園

須坂

広域図はP165へ
N 0 100m
1:10,000

福祉会館
長野電鉄
長野電鉄屋代線（廃線）
小布施駅へ
馬場町東
春木町
浄念寺
墨坂神社

START
須坂駅
須坂局 〒
シルキー
末広町
轟病院
須坂
春木町南
旧小田切家住宅
ハーニ
新町局

② 須坂市ふれあい館まゆぐら

中町
ここまで 1km

¶¶ 松葉屋そば店 P41

塩屋醸造
しおやじょうぞう
文化文政創業の信州味噌と醤油の醸造元。こうじみそ（500g524円）やイゲタボシ醤油（360mℓ346円）など、おみやげに最適。

笠鉾会館
ドリームホール P40
蔵のまち観光交流センター
喫茶風土ピア P41
上中町
綿幸本店 P41

北横町
横町中央
信州医療センター

① 岡信孝コレクション・須坂クラシック美術館

須坂創成高

須坂市

勝善寺

本町通り

遠藤酒造場
えんどうしゅぞうじょう
元治元年（1864）創業の蔵元。全国新酒鑑評会金賞受賞の「渓流 大吟醸」（300mℓ855円）をはじめ、銘酒が揃う。

東横町
西友
市役所西
森上小
須坂市役所
保健センター
JA会館
火 須坂署
須坂高

立町

穀町局 〒
穀町
小山

臥竜公園入口
臥竜公園入口
北原町公会堂
善長寺
南原町西

③
普願寺
円光寺

町東
デリシア
屋部局 〒
屋部
墨坂

臥竜公園下
臥竜公園
須坂市立博物館
GOAL

ここまで 2km

③ 豪商の館 田中本家博物館

メセナホール北

小山
小山町区公会堂
臥竜山
臥竜橋

④ 臥竜公園

竜ヶ池

臥竜

墨坂南
動物園西

須坂市動物園
観音堂
須田城跡
興国寺

④

A   B   C

39

屋敷の展示室では収蔵する多数の着物が展示される

❶ 岡信孝コレクション・須坂クラシック美術館
おかのぶたかこれくしょん・すざかくらしっくびじゅつかん

日本の伝統美を観る

須坂市有形文化財指定、明治初期の豪商の屋敷を利用した美術館。日本画家・岡信孝氏が寄贈した古民芸コレクション約2000点などを収蔵・展示。大正から昭和初期の着物や帯、羽織も紹介される。土蔵展示室のほか、書院の意匠など贅沢で凝った造りの屋敷も見事。

☎026-246-6474
🏠須坂市須坂371-6
🕐9:00〜17:00（入館は〜16:30）
🈺木曜（祝日の場合は開館）、12月29日〜1月3日
💰入館300円
MAP P39A2

◎ 笠鉾会館ドリームホール
かさぼこかいかんどりーむほーる

**全国でも珍しい
2段の笠鉾を展示**

須坂市の有形民俗文化財に指定されている笠鉾11基と祭屋台4台を保存展示。笠鉾は毎年7月に行われる須坂祇園祭で実際に曳き出されるもので、それらが一堂に展示されている。3階では企画展が開催される。

☎026-246-7100
🏠須坂市須坂410-1
🕐9:00〜17:00（1・2月9:30〜16:30）
🈺木曜（祝日の場合は開館）
💰入館無料 MAP P39B1

笠鉾と祭屋台が一堂に展示される

須坂紬の機織り機などが展示されている

製糸業で栄えた須坂の歴史を伝える貴重な建物。国の登録有形文化財

❷ 須坂市ふれあい館まゆぐら
すざかしふれあいかんまゆぐら

須坂の伝統産業を体験

明治期に建てられた旧田尻製糸の3階建てまゆ蔵を移転・改修した資料館。須坂の製糸業を支えた養蚕の道具や機械、歴史を解説した資料などが展示されている。須坂紬の小物やまゆ人形のみやげ品の販売もある。

☎026-248-6225 🏠須坂市須坂387-2 🕐9:30〜17:00（11・2月10:00〜16:00、3月は10:00〜17:00）🈺年末年始 💰入館無料 MAP P39B2

❸ 豪商の館 田中本家博物館
ごうしょうのやかた たなかほんけはくぶつかん

年間5回楽しめる博物館

北信濃屈指の豪商・田中本家の所蔵品5万点(陶磁器、着物、刀剣、書画など)を、年5回の展示替えによって、常に新しい所蔵品が見られるよう工夫している。3000坪の敷地内に5つの庭園があり、四季折々の花を楽しめ、庭を眺めながら食事もできる(要予約)。

☎026-248-8008 ⊕須坂市穀町476 ⊛11:00〜15:00(季節により変動あり、事前予約の場合は別途対応可) ⊛火曜、年末年始、展示替え期間⊛入館1000円 MAP P39C3

臥竜山を彩る紅葉もきれい

(上)秋の庭園 (右上)田中家の着物を展示 (右下)江戸料理を再現した橘弁当4300円

❹ 臥竜公園
がりゅうこうえん

"100選"に認定された桜や松

春には「さくら名所100選」に選ばれた桜が見事な公園。「日本の名松100選」にも選ばれており、松に囲まれた静かなたたずまいのなか古墳や古城跡、須坂藩ゆかりの観音堂など史跡や文化財が点在する。竜ヶ池周りの散策も楽しみたい。山頂からの眺望も見ごたえがある。

☎026-245-1770(臥竜公園管理事務所) ⊕須坂市臥竜2-4-8 ⊛見学自由(動物園9:00〜16:45、入園は〜16:00) ⊛無休(動物園は月曜休み、祝日の場合は翌日、12月29〜31日、4月は無休) ⊛見学自由(動物園入場料は200円) MAP P39B4

おさんぽの途中に！ 立ち寄りグルメ＆ショップ

🏠 綿幸本店
わたこうほんてん

老舗着物店で小物みやげも

歴史的町並みに調和するポストモダンな外観が印象的な着物店。店主が選んだ着物、帯、小物などが揃うほか、「お手入れ処」で着物の相談も受けている。

☎026-245-0529 ⊕須坂市須坂上中町160 ⊛9:30〜19:00 ⊛水曜 MAP P39B2

☕ 喫茶風土ピア
きっさふーどぴあ

散策の合間に一杯を

コーヒー、紅茶など飲物はすべて300円。注文を受けてから挽くコーヒーの香りがいい。くずきり(400円)も人気。時間があればオーナーから蔵造りの町並みの話も聞けそう。

☎090-9357-1711 ⊕須坂市東横町382 ⊛10:00〜16:00 ⊛不定休 MAP P39B1

☕ 松葉屋そば店
まつばやそばてん

須坂名物のみそすき丼

明治20年(1887)創業の老舗そば店。そばやうどんのほか、牛肉や豚肉、ごぼうなど10種類ほどの具材を須坂味噌、半熟玉子で仕上げた須坂名物みそすき丼(930円)も人気がある。

☎026-245-0418 ⊕須坂市常盤町702 ⊛11:00〜14:00、17:00〜20:00 ⊛木曜 MAP P39C1

花、蔵、アートのある
北斎ゆかりの町へ

[北信州]

コース **5**

糸魚川
南小谷
長野
信濃大町
松本
飯山
湯田中
小布施
屋代
上田
軽井沢
小諸

小布施
・おぶせ・

歩く時間 >>>
約**1時間45分**

歩く距離 >>>
約**5.4km**

おすすめ季節 >>>
春❀(4~6月) 秋🍁(9~11月)

江戸時代には北信濃の経済・文化の中心地として栄えた小布施。葛飾北斎をはじめとする文人墨客を魅了した町には北斎ゆかりのスポットや美術館が点在。まずは北斎のアートで、歴史と文化にふれよう。花の季節には一般公開されるオープンガーデンもみどころ。特産の栗を使った栗菓子のお店や甘味処も多い。

おさんぽアドバイス

町の中心エリアは歩道が整備されている。郊外は田園地帯を行く一般道なので、交通量は多くはないが注意して歩こう。

1日コース **START**

小布施駅
長野駅から長野電鉄長野線で34分680円

❶ 岩松院
徒歩40分
（所要40分）

❷ フローラルガーデンおぶせ
徒歩20分
（所要40分）

❸ 北斎館
徒歩25分
（所要30分）

❹ 髙井鴻山記念館
徒歩2分
（所要30分）

GOAL

小布施駅
長野駅へは長野電鉄長野線で34分680円

徒歩15分

標高
370m
360m
350m
340m

小布施駅

❶ ❷ ❸ ❹

小布施駅

スタートから1km 2km 3km 4km 5km

（右）孔雀石、鶏冠石など高価な鉱石の絵の具や金箔がふんだんに使われた『八方睨み鳳凰図』
（下）福島正則公霊廟

❷ フローラルガーデンおぶせ
ふろーらるがーでんおぶせ

花景色のミュージアム

花の町・小布施を代表するガーデン施設。園内には北信五岳をバックに、四季折々で表情を変える花壇などが広がる。季節の鉢花や雑貨類を販売するショップや、ガーデンを眺めながら食事ができるレストランも人気だ。

☎026-247-5487　🏠小布施町中松506-1　🕐9:00～17:00(入園受付は～16:30)　休木曜(4～12月は無休)　料入園200円　MAP P44C1

❶ 岩松院
がんしょういん

北斎の鳳凰画を見上げる

岩松院は、文明4年(1472)創建と伝えられる古刹。福島正則公の霊廟がある。本堂大間の天井画(畳21帖)『八方睨み鳳凰図』は葛飾北斎晩年の大作として知られる。金箔の光沢や極彩色は170年以上経った今なお鮮やか。天井画の真下や斜め下などから見上げてみよう。

☎026-247-5504　🏠小布施町雁田615　🕐9:00～16:30(11月は～16:00、12～3月9:30～15:30)　休無休(法要時は休み。詳細はHP参照)　料境内見学無料、本堂拝観500円　MAP P45E1

園内各所にベンチがあり、のんびりと花々を楽しむことができる

おさんぽの途中に！　立ち寄りグルメ＆ショップ

竹風堂 小布施本店
ちくふうどう おぶせほんてん

栗を使ったお菓子と食事

小布施産を中心に、国産の良質栗のみを使った栗菓子の老舗。併設の食事処では名物の栗おこわや郷土食が楽しめる山家定食(1925円)が人気。

☎026-247-2569　🏠小布施町小布施973　🕐販売8:00～19:00(冬期は～18:00)、食事・喫茶10:00～19:00(冬期は～18:00)　休年1回臨時休業あり　MAP P44A2

桜井甘精堂 栗の木テラス
さくらいかんせいどう くりのきてらす

優雅なティータイムを

西洋風のクラシカルな店内で、モンブラン(450円)などの手作りケーキと 常時15種類以上あるポットサービスの紅茶(550円～)を味わいたい。

☎026-247-5848　🏠小布施町小布施784　🕐10:00～18:00LO　休水曜(祝日の場合は営業)　MAP P44A1

小布施屋
おぶせや

オリジナル商品がズラリ

小布施栗の花からとったハチミツ(200g1944円)や、ブラムリーアップルなど注目のフルーツで作った旬の果実ゼリー(597円)などを販売。小布施のおみやげにおすすめ。

☎026-242-6600　🏠小布施町中松496-1 6次産業センター内　🕐9:30～16:30(4～11月9:00～17:00)　休年末年始、12～3月は木曜　MAP P44C1

日本のあかり博物館
にほんの あかりはくぶつかん

「金箔正美灯火具コレクション」など古今の灯火具を展示。営9:00〜17:00（冬期9:30〜16:30）休水曜（祝日の場合は開館）、年末年始、8・10・11月は無休 料入館500円

栗の小径
くりの こみち

ブロック状にした栗の木が敷き詰められた小径が、蔵造りの建物の間を通っている。栗の大木が木陰を作り、風情がある。

❸ 北斎館
ほくさいかん

北斎の人生と魅力にふれる

晩年に小布施を訪れた、江戸時代後期の浮世絵師・葛飾北斎の美術館。ここでは掛け軸や額装などの肉筆画や錦絵、版本などが中心に展示されている。北斎が85歳のときに描いたという祭屋台天井絵の『龍』も圧巻。北斎の人生を紹介した映像や作品解説もあり、北斎について深く知ることができる。

☎026-247-5206 住小布施町小布施485 営9:00〜17:00(7・8月は〜18:00、1月1日10:00〜15:00。入館は閉館の30分前まで) 休12月31日 料入館料1000円(特別展の場合は料金が変わる) MAP P44B2

祭屋台の天井画『龍』は、豪商・高井鴻山の庇護のもと、小布施に逗留していた際に描いたという

小布施

小布施 [地図]

広域図は
P165へ

0 — 100m
N
1:10,000

岩松院通り

岩松院入口
P

ここまで
2km

福島正則公霊廟

①岩松院

雁田水穂神社

雁田

薬師通り

ここまで
3km

浄光寺前
浄光寺

卍薬師堂

おぶせみゅーじあむ・
おぶせミュージアム・
中島千波館
（なかじま ちなみかん）

小布施で生まれた現代日本
画家・中島千波の作品を収
蔵・展示する。料 入館500
円 時9:00〜17:00 休12
月31日

D

E

歩きたい散歩道

季節ごとに楽しめる「オープンガーデン」

小布施の町に点在する「オープンガーデン」は約130カ所。大小、和風洋風など個性豊かなガーデンは個人、ショップ、お寺など町民の有志によるもの。中心エリアは店舗の店先、郊外に行くほど個人宅が増えていく。目印の看板（写真下）がある。

あったら「声をかけなくてもいいので、どうぞ見ていってください」という合図。場所によっては通り抜けもOK。かわいらしい花々を愛でながら、町を探検気分で歩いてみよう。

☎026-214-9104（小布施町役場産業振興課）

植物が枯れる冬期以外は概ね開催されている

目印の看板を探しながら歩くのも楽しい

---

④ 髙井鴻山記念館
たかいこうざんきねんかん

小布施の偉人の姿を知る

北信濃を代表する豪商で文化人である髙井鴻山の偉業を称える記念館。鴻山は芸術や学問を愛し、葛飾北斎を小布施に招いた人としても知られる。鴻山の書斎兼サロン「翛然楼」（ゆうぜんろう）や文庫蔵、穀蔵、屋台庫には、鴻山の書画をはじめ北斎や佐久間象山ら師知友の作品を展示（年4回の展示替えあり）。翛然楼2階にある一絃琴は体験もできる。

☎026-247-4049　住小布施町小布施805-1
時9:00〜17:00(4〜9月は〜18:00)
休12月31日　料入館300円　MAP P44A1

髙井鴻山筆『象と唐人図』四曲屏風

北斎との逸話が残る鴻山の書斎兼サロン「翛然楼」の2階

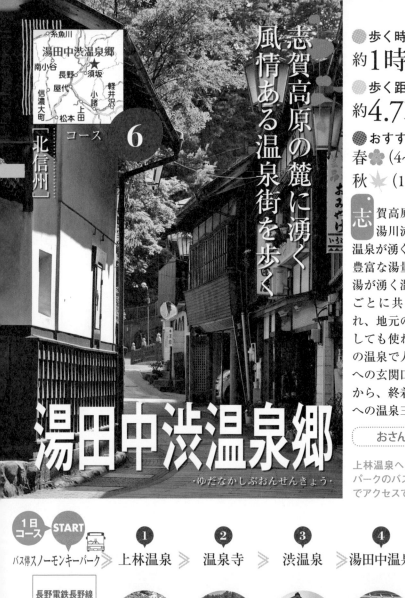

糸魚川
湯田中渋温泉郷
南小谷　★須坂
長野
屋代　軽井沢
信濃大町　小諸
松本　上田

志賀高原の麓に湧く風情ある温泉街を歩く

湯田中渋温泉郷

・ゆだなかしぶおんせんきょう・

●歩く時間 >>>
約1時間15分

●歩く距離 >>>
約4.7km

●おすすめ季節 >>>
春❀（4〜5月）
秋🍁（10〜11月）

志賀高原から流れ出す横湯川流域に、9つもの温泉が湧く湯田中渋温泉郷。豊富な湯量を誇り、随所に湯が湧く温泉街には、地区ごとに共同浴場が設けられ、地元の人の生活の湯としても使われている。サルの温泉で人気の地獄谷温泉への玄関口にある上林温泉から、終着駅の湯田中温泉への温泉三昧さんぽを。

〔 おさんぽアドバイス 〕

上林温泉へは、スノーモンキーパークのバス停から徒歩5分ほどでアクセスできる。

1日コース **START** 🚌 ➊ ➋ ➌ ➍ **GOAL** 🚃

バス停スノーモンキーパーク ≫ 上林温泉 ≫ 温泉寺 ≫ 渋温泉 ≫ 湯田中温泉 ≫ 湯田中駅

長野電鉄長野線
湯田中駅から
スノーモンキー
パーク行き
バスで8分
310円

徒歩5分
（所要30分）

徒歩30分
（所要15分）

徒歩5分
（所要30分）

徒歩25分
（所要30分）

徒歩10分

長野駅へは
長野電鉄長野線
特急で48分
1290円

標高
700m
600m
500m

スノーモンキーパーク
湯田中駅
➊ ➋ ➌ ➍

スタートから1km　2km　3km　4km

林に囲まれて老舗旅館が並んでいる

❷ 温泉寺
おんせんじ

信玄ゆかりの古刹

嘉元3年（1305）、京都の禅僧がこの地に草庵を結び、温泉の効能を教えたのが起こりとされる。その後曹洞宗に改宗され、武田信玄も深く帰依し、信玄開基の寺となった。境内には武田菱を模した足湯、休足処「信玄」もある。

☎0269-33-2220　⓯山ノ内町平穏2032　⓴㋡境内自由
MAP P48C2

志賀高原大沼池の伝説も伝えられる

❶ 上林温泉
かんばやしおんせん

文人に愛された閑静な温泉

山裾にひっそりとたたずむ保養向きの温泉。隠れ里的な雰囲気で、美しい自然に囲まれているため、古くから多くの文人や著名人たちに親しまれてきた。また、世界でも珍しい温泉に入るサルの姿が見られる地獄谷野猿公苑へは、ここから歩いて30分ほど。

世界で唯一!? 温泉に入るサル

☎0269-33-2138（山ノ内町観光連盟）
⓯山ノ内町平穏上林温泉
MAP P48C2

立ち寄りグルメ＆ショップ

小古井菓子店
こごいかしてん

定番、温泉饅頭が美味

渋温泉の小路にある菓子店。作りたてのあんこと皮のバランスが絶妙な饅頭（1個78円）は温泉街ならではの味わい。うずまきパン（130円）なども素朴で美味。

☎0269-33-3288
⓯山ノ内町平穏2114
⓴8:00～20:00ごろ
㋡第3水曜　MAP P48B2

手打蕎麦うどん 玉川本店
てうちそばうどん たまがわほんてん

そば＋αも楽しみな人気店

自家製粉のそば粉を使用したコシのあるそばが自慢。人気のくるみだれそば（1090円）をはじめ、そばを注文すると、そば粉やそばの実を使ったスイーツも注文できる。

☎0269-33-2252
⓯山ノ内町平穏2178　⓴11:30～14:40LO、18:00～22:40LO　㋡第3・5水曜 MAP P48B2

玉村本店
たまむらほんてん

ギャラリー併設の酒蔵

創業200年の「縁喜」醸造元。酒蔵を改築したギャラリーには、代々の店主が酒の縁で知り合った画家たちの絵画等を展示し、試飲コーナーも設け、地酒を販売している。

☎0269-33-2155
⓯山ノ内町平穏1163
⓴9:00～18:00
㋡12月31日、1月1日 MAP P48B2

湯田中渋温泉郷

広域図はP165へ

N 0　200m
1:20,000

長野電鉄
長野線

信州中野駅へ

湯田中駅

GOAL

湯田中駅
①

山ノ内町

座王神社

一茶堂

湯宮神社

よろづや

ここまで
4km

H 湯田中大湯

駅入口

星川温泉

梅翁寺

弥勒石佛

④ 湯田中温泉

世界平和観音

延命煙草地蔵

東小

湯田中駅前温泉楓の湯
ゆだなかえきまえおんせんかえでのゆ

湯田中駅舎に隣接する共同浴場。建物前には無料の足湯も。
料 入浴300円 時10:00〜21:00
休 第1火曜（祝日の場合は翌日）

歴史の宿 金具屋
れきしのやど かなぐや

渋温泉の老舗宿。重厚な木造4階建ての「斉月楼」と「金具屋 大広間」は国の登録有形文化財に認定されている。

夜間瀬川

一流のこみち
炎遊の宿

穂波温泉
ホテル豊生

星川中

星川橋

渋・安代
ここまで
3km

③ 渋温泉

金倉神社

安代温泉

渋湯神社

渋温泉

渋大湯

ここまで
2km

② 温泉寺

佐野角間IC

292

手打蕎麦うどん 玉川本店
P47

玉村本店
P47

沓野

横湯川

① 上林温泉

御利益散歩道
ごりやくさんぽみち

渋温泉の裏山のパワースポット。渋高薬師から天満宮、毘沙門天、金刀比羅宮を経て、温泉寺までの散歩道。

② 興隆寺

佐野

角間大橋

角間温泉

小古井菓子店
P47

沓野観音堂

ここまで
1km

沓野渋

平穏

START

スノーモンキーパーク

上林温泉

上林ホ
仙壽閣
志賀高原
ロマン号

運動公園入口

志賀高原

---

③ 渋温泉
しぶおんせん

石畳に下駄の音が似合う

湯田中渋温泉郷のなかで最も賑わう温泉街。狭い石畳の通りには木造3階建ての老舗旅館に交じってさまざまなタイプの宿が立ち並び、大湯を中心にそれぞれに泉質が異なる9つの外湯が点在する。みやげもの店に交じって射的場も健在だ。浴衣と下駄でそぞろ歩けば、山の麓の温泉情緒にたっぷりと浸ることができるだろう。

☎0269-33-2921（渋温泉旅館組合）　住山ノ内町平穏
MAP P48B2

山裾の温泉情緒が漂うメインストリート

歩きたい 散歩道

渋温泉で葛飾北斎の句碑を巡る

浮世絵師として世界的に有名な葛飾北斎は、川柳の大家でもあった。晩年に渋温泉から近い小布施に長く逗留していたことから、温泉街には187もの北斎の句碑が立てられた。

また江戸時代中期から幕末間に全167編が刊行された川柳の句集『俳風柳多留(はいふうやなぎだる)』の第八十五編の巻頭文「序」の御影石も立つ。

温泉街のいたるところで句碑を発見できる

浮世絵師として世界的に有名な葛飾北斎の句碑を巡る散歩街を歩きながら、北斎の粋な川柳を見てまわることができる。所要時間は1時間。

☎0269-33-2921(渋温泉旅館組合)

きゅうそくどころ「しんげん」
休足処「信玄」
温泉寺敷地内にある、散歩の途中にぜひ立ち寄りたい足湯。あずま屋に続く屋根付きで、足つぼを刺激する歩行ゾーンも。

❶

地獄谷野猿公苑・

地獄谷温泉 →

ゆみち遊歩道

ゆみちゆうほどう
ゆみち遊歩道
上林温泉から地獄谷温泉へ続く森林浴の散歩道。平坦な道を30分ほどの行程。途中でサルに遭遇することもある。

❷

厄除け巡浴外湯めぐり
宿で鍵を借り、祈願手ぬぐい(350円)に押印して「渋高薬師」で印受すれば、9(苦)を流し、厄除け、安産、不老長寿の御利益があるといわれる。宿泊者以外は大湯のみ(500円)の入浴券を旅館組合または駐車場で購入。
☎0269-33-2921
(渋温泉旅館組合)
時6:00～22:00
(宿泊者以外は要問合せ)休不定休

---

❹ 湯田中温泉
ゆだなかおんせん
温泉郷の玄関口にある

駅前から山裾にかけて老舗旅館が点在する湯田中温泉は、歴史ある温泉場の雰囲気を残し、湯量と泉質で長命長寿の湯として、かつては東の湯田中、西の道後といわれ多くの湯治客で賑わった。毎月26日は大湯が一般開放される。

☎0269-33-2138(山ノ内町観光連盟)　地山ノ内町平穏
時休料散策自由　MAP P48A1

老舗旅館に挟まれるように立つ湯田中大湯

糸魚川
飯山 ★
南小谷
湯田中
須坂
長野
屋代
信濃
大町
小諸
軽井沢
松本
上田

静かに歴史が眠る町
寺社と技を観る

飯山

・いいやま・

● 歩く時間 >>>
約1時間15分
● 歩く距離 >>>
約4.1km
● おすすめ季節 >>>
春❀ （4～6月）
秋🍁 （10～11月）

飯山は、上杉謙信公と景勝の二代によって築城された飯山城を中心に、市街地だけでも20以上の寺がある「寺の町」。整備された石畳風の小路の寺めぐり遊歩道を散策し、寺社の歴史にふれながら、飯山を訪れた文人墨客をしのぶ町歩きが楽しい。城下町ゆえに老舗和菓子店も多い。

◯ おさんぽアドバイス ◯

寺めぐりのスタンプラリーがあり、10カ所以上のスタンプで記念品がもらえる。台紙は飯山駅観光案内所などで販売。

半日コース START

飯山駅 >> ① 飯山市美術館 >> ② 正受庵 >> ③ 常福寺 >> ④ 高橋まゆみ人形館 >> GOAL 飯山駅

長野駅からは
JR飯山線で
50分550円
または
北陸新幹線で
11分1390円
（自由席）

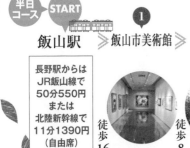

徒歩16分

（所要60分）

徒歩8分

（所要20分）

徒歩22分

（所要20分）

徒歩3分

（所要30分）

徒歩26分

長野駅からは
JR飯山線で
50分550円
または
北陸新幹線で
11分1390円
（自由席）

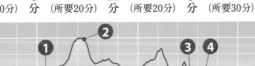

標高
340m
320m
飯山駅
飯山駅
300m
スタートから1km
2km
3km
4km
① ② ③ ④

飯山

広域図は
P165へ

N　0　100m
1:11,111

戸狩野沢温泉駅へ

妙専寺
本光寺
北飯山駅
北飯山駅
飯山高
北町

寺めぐり遊歩道

てらめぐりゆうほどう

雁木通りと並行するように寺社が点在し、その各寺社をつなぐように整備された散策道。

西念寺

④ 高橋まゆみ人形館

飯山城址公園
飯山城跡

奈良沢神社

飯山

明昌寺

③ 常福寺

展示試作館
「奥信濃」

光蓮寺

妙専寺

樹庵
P53

葵神社

仲町交番前

飯山小

寺めぐり遊歩道

雁木通り

称念寺

坂上

ここまで
2km

飯山シャンツェ
クラブハウス

奈良沢公会堂

忠恩寺

慶宗寺

大輪院

田中屋酒造店 P53

本町

ここまで
3km

市役所入口

② 正受庵

寺めぐり遊歩道

飯山市

飯山線

飯山市役所

本町通り

上倉諏訪社

① 飯山市美術館

北陸新幹線

飯山市ふるさと館

ここまで
1km

飯山市伝統産業会館（2階）
飯山手すき和紙体験工房
市立図書館
飯山市文化交流館
なちゅら

西敬寺

西敬寺

連證寺

西来寺

そば処 源
P53

上町西

上町東

真宗寺

南町

117

文化交流館

飯山駅北

南町

飯山局

喜楽堂

きらくどう

江戸時代から続く「千代の梅」（1個150円）が名物の老舗和菓子店。洋菓子修業をした店主のケーキが並ぶこともある。

START

ツルヤ

飯山駅

飯山署

GOAL

飯山駅

ここまで
4km

日赤病院

信越自然郷
飯山駅観光案内所

飯山赤十字病院

日赤

長野信金

千曲川

長野駅へ

長野駅へ

51

展示室では飯山ゆかりの美術家の作品をゆっくり鑑賞できる

① 飯山市美術館
いいやましびじゅつかん

飯山ゆかりの美術を鑑賞

飯山ゆかりの美術家の作品を展示。なかでも日本画家・長谷川青澄のコレクションは充実。収蔵品のなかから毎回美術家約10名、60数点の作品を紹介する常設展示のほか、企画展が開催される。2階の飯山市伝統産業会館では、伝統工芸の「飯山仏壇」や「内山紙」を紹介している。

☎0269-62-1501　住飯山市飯山1436-1
時9:30〜17:00　休月曜(祝日の場合は翌日)、展示替え休館あり　料入館300円(飯山市ふるさと館との共通券400円、飯山市伝統産業会館・飯山市美術館・飯山市ふるさと館・高橋まゆみ人形館の4館共通入館券は900円)　MAP P51B3

1階が美術館、2階が伝統産業会館

歩きたい散歩道

雪よけ屋根がある雁木通り

雁木とは雪よけの屋根のこと。市内愛宕町(MAP P51B2)は約300mにわたって雁木が再現されており、雪国ならではの風景を醸し出している。また気候条件などに恵まれたこの通りには飯山の代表的な伝統産業となった「飯山仏壇」の店が並ぶことから「飯山仏壇通り」とも呼ばれている。

飯山市街の高台に立つ。茅葺きの庵が静かにたたずむ

② 正受庵
しょうじゅあん

全国古寺名刹百選の禅寺

臨済宗の再興者で、松代藩主真田信之(幸村の兄)の子であった道鏡慧端禅師、またの名を正受老人が終生、座禅三昧を送った禅庵。現存する本堂は江戸時代後期に建設されたものと伝わる。

軒端の水石(手洗い石)は飯山藩主から拝領したもの

☎0269-62-7000(信越自然郷飯山駅観光案内所)　住飯山市飯山1871
時休料拝観自由
MAP P51A2

階段を上った先に常福寺

❸ 常福寺
じょうふくじ

大黒天も祀る寺院

飯山藩主・佐久間備前守が、市内小境から寺領を与えて移転させたという曹洞宗の寺。「いいやま七福神」のひとつで、徳や富をもたらし食糧を司る神「大黒天」も祀る。座禅道場が併設されており、希望者は座禅体験をすることもできる。

☎0269-62-5772　🏠飯山市飯山愛宕町3210　⏰休料拝観自由
MAP P51B1

ギャラリーは春と秋の年2回展示内容が変わる

❹ 高橋まゆみ人形館
たかはしまゆみにんぎょうかん

懐かしい風景と人情に出会う

創作人形作家、高橋まゆみの作品を常時約100体展示。信州の大地に根ざして生きる人々の何気ない日常を切り取り、いきいきと表現した作品に引き込まれる。映像コーナーでは人形の創作風景を紹介。カフェやおみやげに最適なオリジナルグッズコーナーも併設。

館内のカフェでは素材にこだわった手作りケーキが人気

☎0269-67-0139　🏠飯山市飯山2941-1　⏰9:00～17:00（12～3月10:00～16:00）　休水曜、年末年始　料入館620円（飯山市伝統産業会館・飯山市美術館・飯山市ふるさと館・高橋まゆみ人形館の4館共通入館券は900円）**MAP** P51C1

おさんぽの途中に！　## 立ち寄りグルメ＆ショップ

🍴 そば処 源
そばところ みなもと

地元の旬の味を大切に

「二八そば」（ざる600円）が評判のそば店。予約のみで注文を受け付けているそば御膳（2000円）も用意。春や秋に提供されるタケノコを使った季節感のある単品の料理も評判。

☎0269-62-1163　🏠飯山市南町23-2　⏰11:30～14:00、17:00～21:00　休月曜
MAP P51B3

🍴 樹庵
じゅあん

飯山食材を欧風田舎料理で

飯山の旬の食材を使った欧風田舎料理が楽しめる。人気のランチセット（1430円）は肉・魚から選べるメイン料理に、サラダと自家製パンが付く。ディナーは予約制でコースのみ。

☎0269-62-1226　🏠飯山市飯山3064-2　⏰11:30～15:00、18:00～22:00　休不定休
MAP P51C1

🛍 田中屋酒造店
たなかやしゅぞうてん

奥信濃の地酒「水尾」

雪にすっぽりと覆われた蔵の中で酒造りが行われる。長野県産の酒米にこだわり、水尾山麓から湧出天然水を使用した淡麗辛口の地酒「水尾」（300㎖402円～）が評判。

☎0269-62-2057　🏠飯山市飯山2227　⏰9:00～17:30（土曜9:30～17:00）※12:00～13:15は昼休み　休日曜、祝日　**MAP** P51C2

コース **8**

[北信州]

源泉豊富な名湯
素朴な湯の街そぞろ歩き

野沢温泉
・のざわおんせん・

●歩く時間 >>>
約**20**分

●歩く距離 >>>
約**1.4km**

●おすすめ季節 >>>
春🌸(4~6月)秋🍁(10月)

8 世紀前半に修行僧が発見したと伝わる、歴史ある湯治場。湯けむり漂う山あいの温泉地に、大切に守られてきた13の外湯が点在する。名産の野沢菜やアケビ細工の鳩車は有名。街はぐるりと歩いても30分ほど。代表的な源泉である麻釜、野沢菜発祥の地などを巡りながら、素朴な湯の街の風情を楽しもう。

(おさんぽアドバイス)

温泉街は、東側のスキー場に向かって全体に上り坂。麻釜・湯澤神社の一帯が高台なので、ここからゆるやかに散策しよう。

半日コース **START** バス停野沢温泉 >> **①**麻釜 >> **②**湯澤神社・健命寺 >> **③**大湯 >> **④**高野辰之記念おぼろ月夜の館-斑山文庫- >> **GOAL** バス停野沢温泉

飯山駅から野沢温泉交通野沢温泉ライナーで25分600円

徒歩3分 (所要5分)

徒歩5分 (所要20分)

徒歩3分 (所要5分)

徒歩3分 (所要20分)

徒歩5分

飯山駅へは野沢温泉交通野沢温泉ライナーで25分600円

標高 600m 580m 560m 540m

野沢温泉♨ スタートから 0.5km 1km 野沢温泉♨

野沢温泉

広域図は P165へ

N

0 ——— 30m
1:3,000

野沢グランド
ホテル
Ｈ

あさがまおんせんこうえん
麻釜温泉公園
ふるさとの情景を再現し
た公園の一角に、湯屋造
りの日帰り入浴施設「ふ
るさとの湯」が作られて
いる。

真湯ベアリフト

滝の湯

野沢グランドホテル

真湯

三角山

みにおんせんひろばゆらり
ミニ温泉広場ゆらり
温泉街の高台にある広場
で、北信五岳の風景を眺
めつつ足湯ができる。源
泉の湯釜では自分で卵を
茹でることもできる。

村のホテル住吉屋 Ｈ

❶ 麻釜

動く歩道「遊ロード」

野沢温泉スキー場へ

❷

松泉堂 P57
奈良屋旅館 Ｈ

麻釜の湯

野沢温泉村

三久工芸 P57

湯宿 寿命延

**❷ 湯澤神社・
健命寺**

七良兵衛珈琲 P57

Ｈ 朝日屋旅館

河原湯

足湯あくと

❸

豊郷

旅館組合

道祖神

大湯通り

常盤屋旅館

Ｈ 旅館さかわ

❸ 大湯

まつばのゆ
松葉の湯
外湯13湯のひとつ。建物
の下が洗濯場で、上が浴
室になっている。麻釜か
らの引き湯に浸かれる。
開休料 大湯(P57)と同じ

横落

Ｐ

横落の湯

START

GOAL

野沢温泉
野沢温泉
観光案内所
(観光協会)

ながの

十王堂の湯

えんま堂

ここまで
1km

野沢温泉スキー場へ

❹

新田の湯

野沢温泉局

❹ 高野辰之記念 おぼろ月夜の館 -斑山文庫-

秋葉の湯

村の人のコミュニケーションの場でもある

❶ 麻釜
おがま

村人の生活が息づく"野沢の台所"

野沢で最も大きな源泉。高温の湯が引き込まれる釜は、温度や使い道により大釜、茹釜、丸釜などと分けられている。村の人が話をしながら野菜や玉子を茹でる姿は、野沢温泉を代表する光景。危険なので観光客は柵の外から見学を。

付近には温泉玉子や野沢菜漬を売るみやげ店もある

☎0269-85-3155（野沢温泉観光協会）　住野沢温泉村豊郷　時休料見学自由　MAP P55C2

観光クローズアップ

◎ 源泉外湯めぐり
げんせんそとゆめぐり

いくつまわれるか挑戦
13の外湯と12の神様

温泉街には源泉を引いた13カ所の外湯があり、湯仲間という住民の組織によって維持管理されている。浴槽だけの浴室内に脱衣スペースが設けられた形の簡素な外湯も多い。誰でも利用できるがマナーを守って楽しもう。外湯に祀られた12の神様とともに、野沢のみどころを巡る「集印めぐり」（→P57）にも挑戦を。

☎0269-85-3155（野沢温泉観光協会）　時休料大湯（P57）と同じ

村の人たちが大切に維持している

健命寺にある野沢菜発祥の地碑

❷ 湯澤神社・健命寺
ゆざわじんじゃ・けんめいじ

野沢菜発祥の地

杉林の中に立つ湯澤神社の本殿の彫刻は必見。正面にかかる扁額は、明治の元勲・三条実美の揮毫という。隣接する健命寺は曹洞宗の古刹。江戸時代に住職が京都から天王寺蕪の種を持ち帰り栽培したところ、葉と茎が長い独特の蕪菜、野沢菜となって定着した。

☎0269-85-3155（野沢温泉観光協会）0269-85-2063（健命寺）　住野沢温泉村豊郷9310（湯沢神社）、9320（健命寺）　時休料参拝自由　MAP P55C2

芭蕉句碑など境内にみどころが多い湯澤神社

野沢に来たらぜひ入りたい外湯だ

賑やかな温泉街の中心に立つ

❸ 大湯
おおゆ

美しい湯屋造は温泉街のシンボル

温泉街の中心にあり、湯屋建築が江戸時代の趣を伝えている。建物の前では記念撮影をする人の姿が絶えず、入浴客も多い。木造りの湯船はぬる湯とあつ湯に分かれ、ほのかに硫黄が香る湯が注がれている。大湯の前には足湯「あくと」もある。

☎0269-85-3155(野沢温泉観光協会) 🏠野沢温泉村豊郷大湯 🕐5:00〜23:00(11〜3月6:00〜) 🚫無休(清掃時間あり) 💴無料(できれば寸志として賽銭を) 🗺P55C3

❹ 高野辰之記念 おぼろ月夜の館 −斑山文庫−
たかのたつゆききねん おぼろづきよのやかた −はんざんぶんこ−

国文学者・高野辰之の文学館

『朧月夜』『春が来た』などの作詞で知られる高野辰之の記念館。高野博士は野沢温泉を愛し、晩年をこの地で過ごした。斑山とは博士の号名で、東京にあった書庫を斑山文庫と称していた。1階が資料展示室、2階が小ホール。カフェとショップもある。

ステンドグラスがはめられた塔の中の鐘が、定時に音楽を奏でる

☎0269-85-3839 🏠野沢温泉村豊郷9549-6 🕐9:00〜17:00(入館は〜16:30) 🚫月曜(祝日の場合は翌日) 💴入館300円 🗺P55B4

集印めぐり

温泉街の外湯や名所・旧跡を中心に、27カ所に集印所があり、10カ所以上で印を集めると、画家・岡本太郎氏による「湯」の文字がデザインされたタオルなどがもらえる。集印帳(462円)は野沢温泉観光協会で販売している。

おさんぽの途中に! 立ち寄りグルメ&ショップ

三久工芸
さんきゅうこうげい

野沢伝統のアケビ蔓細工

野沢温泉伝統の製法で作るアケビ蔓細工の花籠(1600円〜)などを販売する。作品はひとつとして同じものがなく、つい迷ってしまう。オリジナルの古布作品も人気。

☎0269-85-2178
🏠野沢温泉村豊郷河原湯
🕐9:00〜18:00
🚫無休 🗺P55A2

松泉堂
しょうせんどう

ホカホカの湯気に誘われて

風情のある麻釜通りに立つ和菓子店。昔ながらの製法で作る温泉まんじゅう(1個85円)は、蒸したてに出合えることもあるが、冷めてもおいしいのが特徴。

☎0269-85-2114
🏠野沢温泉村豊郷8757-3
🕐8:30〜18:00
🚫水曜 🗺P55B2

七良兵衛珈琲
しちろへいこーひー

古民家風のカフェレストラン

自家製スイーツ(200円〜)やオリジナルのフローズンドリンクなど、季節の食材を使ったカフェメニューや本格的な創作料理を木のぬくもりあふれる店内で楽しめる。

☎0269-67-0397
🏠野沢温泉村豊郷9254 🕐12:00〜20:00 🚫火・水曜(冬期は水曜のみ) 🗺P55A3

町家、土蔵が立ち並ぶ
善光寺平の商都

稲荷山
・いなりやま・

● 歩く時間 >>>
約50分

● 歩く距離 >>>
約3.2km

● おすすめ季節 >>>
春🌸(4~5月) 秋🍁(9~11月)

中 山道の洗馬宿(せばじゅく)から城下町松本を経て、善光寺に続く北国西往還にある稲荷山。往時は善光寺詣での旅人で賑わい、明治期以降は、生糸など物資の集積地として栄えた。そんな歴史ある町には、黒い大屋根、白壁土蔵の古い建物が数多く残っている。建物ウォッチングをしながらの散策が楽しい。

(**おさんぽアドバイス**)

行程が長くなるが、姨捨駅から棚田を見ながら武水別神社に下って、逆コースを稲荷山駅に向かうのもいい。約7km。

半日コース | START

稲荷山駅 ≫ **① 稲荷山宿蔵し館** ≫ **② 長雲寺** ≫ **③ たまち蔵道** ≫ **④ 極楽寺** ≫ GOAL バス停稲荷山郵便局

長野駅から
JR篠ノ井線で
18分
240円

徒歩30分

（所要30分）

徒歩すぐ

（所要10分）

徒歩5分

（所要10分）

徒歩5分

（所要10分）

徒歩10分

屋代駅へは
千曲市循環バスで
15分、200円。
屋代駅から
長野駅へは
しなの鉄道で
20分、350円

標高
365m
360m
355m
350m

稲荷山駅

① ② ③ ④

稲荷山郵便局

スタートから1km　　2km　　3km

START

ふる里漫画館
ふるさとまんがかん

蔵造り風の建物で、千曲市出身の政治風刺漫画家・近藤日出造の漫画を収蔵展示。2階は漫画図書館。☎026-273-5639
時 9:00〜16:30　休 月曜（祝日の場合は翌日）、年末年始　料 入館300円

中町の枡形
なかまちの ますがた

北に飯縄山、南に冠着山を望む道を引き、外敵から町を守るため2本の道を東西の道で結んだ枡形。高札場もここに。

稲荷山宿蔵し館 ①

長雲寺 ②

たまち蔵道 ③

GOAL

栄泉堂 P61

極楽寺 ④

ここまで 1km
ここまで 2km
ここまで 3km

龍洞院
りゅうどういん

紅葉名所でも知られる永正元年(1504)創建の禅宗寺院。明治期に造られた石積み煉瓦造のアーチ橋下の参道がユニーク。
時 休 料 拝観自由

治田神社の一の鳥居
はるたじんじゃのいちのとりい

稲荷山の産土神。延喜式内信濃国四八座のなかの一社。鳥居から先が神域。大正9年(1920)県社昇格記念の東郷平八郎筆の石碑が立つ。

稲荷山
広域図はP167へ
0　200m
N
1:25,000

長野市
千曲市

シルキー P61
信州蕎麦 わきゅう P61

漆喰で塗り固めた土蔵造りの主屋

❶ 稲荷山宿蔵し館
いなりやまじゅくくらしかん

商都稲荷山全盛期の暮らし

幕末から明治にかけて生糸の輸出をになった松林家の屋敷を修復再生した建物。白壁土蔵造りの主屋や商品を保存した倉庫がある。主屋の大戸をくぐると土間があり、オタナ（店）、座敷が続く。倉庫は「くらしの資料館」になっていて、当時の生活の様子を知ることができる。

☎026-272-2726　⊕千曲市稲荷山931　🕐8:30〜17:00（入館は〜16:30）　休月曜（祝日の場合は開館）、祝日の翌日　💴入館300円　MAP P59B2

くらしの資料館内部

古い町屋の生活を再現した主屋

歴史を学ぶ
建物ウォッチング

旧呉服商山丹。明治10年（1877）ごろ建造

旧醸造蔵

カクタ呉服店の蔵

❷ 長雲寺
ちょううんじ

鎌倉時代からの名刹

仁和寺良言上人を中興開基とし、京都醍醐寺から寄進された、本堂には本尊の不動明王をはじめ五大明王が、収蔵庫には、寛文13年（1673）京都の仏師久七作の国指定重要文化財の愛染明王座像が安置されている。

☎026-272-3730　⊕千曲市稲荷山2239　🕐境内自由（愛染明王座像拝観の場合は事前に連絡を）　💴志納　MAP P59B2

正面が本堂、右が収蔵庫（上）。街道から参道を入った奥にある（右）

弘化4年（1847）の善光寺地震で市街地がほぼ全焼し、耐火構造の蔵造りが増えた

❹ 極楽寺
ごくらくじ

鐘楼は稲荷山最古の木造建築物

浄土宗の古刹。参道入口に大蛇が昼寝したと伝えられる蛇枕石がある。本堂の隣には豊川稲荷社が祀られている。稲荷山の地名は、上杉景勝が出城の縄張のときに飛び入った一匹の白狐を吉兆とみたことに由来すると伝承されている。

❸ たまち蔵道
たまちくらみち

土壁、白壁、なまこ壁の蔵

明治期以降、薬局、茶屋など周辺農山村の生活物資を扱う商店が立ち並び、稲荷山は商都として活気に満ちていた。商家はどこも敷地が広く、江戸、明治、大正期の蔵が連なる。水路に沿った道は、散歩に最適。
🏠千曲市稲荷山 **MAP**P59B2

たまち蔵道の土蔵群。急勾配の屋根も特色

天正11年（1583）建立の鐘楼
☎026-272-2131
🏠千曲市稲荷山814
🕐休料参拝自由 **MAP**P59B2

おさんぽの途中に！　立ち寄りグルメ＆ショップ

信州蕎麦わきゅう
しんしゅうそばわきゅう

香りの抜ける細めのそば

毎朝店主が打つそばは細めながらコシがある。エビと季節の野菜の天ぷらが付く天ぷらもり蕎麦（1280円）や、くるみ味噌をツユに溶いて食べるくるみ蕎麦（900円）が人気。
☎026-400-3249
🏠千曲市稲荷山996-1
🕐11:00～15:00
休火曜 **MAP**P59B2

シルキー
しるきー

気軽なお好み焼カフェ

蔵づくり風の建物、内装でゆったりくつろげる店。人気の豚チーズ玉（880円）や、アンズソースがクセになるしるきー焼（900円）など各種お好み焼を用意。カフェメニューも。
☎026-273-0915
🏠千曲市稲荷山928
🕐11:00～18:00（要予約）
休日・月曜、ほか不定休 **MAP**P59B2

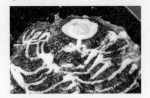

栄泉堂
えいせんどう

地元に根づき愛されている

りんごやアンズなどの地元産フルーツを使ったパイやケーキ、クッキー、最中といった種類豊富な手づくり菓子が並ぶ。杏生ロール（1カット216円）や杏プリン（270円）など。
☎026-272-2044
🏠千曲市稲荷山856
🕐9:00～19:30
休不定休 **MAP**P59B2

山々に囲まれた善光寺平と千曲川を見下ろす姨捨は、日本の原風景を思わせる美しいところ。古くは『古今和歌集』に、その景観と月の歌が残され、松尾芭蕉や小林一茶も絶賛し、句を残している。春、水を張った田植え前の田んぼに月影が映り込む「田毎の月」は名勝に指定、棚田のある風景は人々の暮らしを伝え、重要文化的景観に選定されている。雄大な絶景を眺めながらゆっくり歩いてみよう。☎026-261-0300（信州千曲観光局）

コース 10
姨捨棚田ハイキング
・おばすてたなだ・

半日コース

おさんぽアドバイス 姨捨駅から篠ノ井線の踏切を渡るときは、左右をよく確かめて。線路沿いの道も細いので注意。田んぼの中には踏み込まないこと。

START
GOAL 姨捨駅

❶ 姨捨駅
おばすてえき
珍しいスイッチバック駅

標高547m、急勾配の斜面にある。棚田や善光寺平が一望でき、上りホームには展望デッキがある。駅舎は昭和9年（1934）の2代目駅舎建設当時をイメージしており、懐かしいきっぷ売場も再現。駅からの眺めは日本三大車窓に数えられている(→P102)。

MAP P63A1

洋風モダンな駅舎

❷ 姨捨の棚田
おばすてのたなだ
千曲川の西岸、名月の里

棚田の数は40ha、1500枚とも言われ、棚田百選のひとつ。田植え、草刈り、稲刈りなどの農作業が体験でき、収穫したお米が頂ける棚田貸します制度がある。阿弥陀の四十八願にちなんだと伝わる、1反を48枚に分けた棚田「四十八枚田」も見られる。

MAP P63B2

棚田での田植えの様子

❸ 長楽寺
ちょうらくじ
松尾芭蕉も訪れた俳諧の聖地

松尾芭蕉や小林一茶など古くから文人墨客が訪れた寺。境内には本堂、姨岩を背に秘仏の聖観音を祀る観音堂や月見堂がある。中秋の名月のころ、観月祭、俳句大会などが開かれる。信濃三十三観音霊場の第十四番札所。

☎026-273-3578
住 千曲市八幡
時休 境内自由
MAP P63B1

山門と月見堂

名勝
月の名所 姨捨十三景
つきのめいしょ おばすてじゅうさんけい

平安時代から月の名所と知られていた姨捨。長楽寺境内の姨石、桂の木、宝ケ池はじめ、境内から望める田毎の月や千曲川、冠着山の風景や事物を姨捨十三景といい、古くから絵図に紹介され、俳句に詠み込まれてきた。「おもかげや姨ひとりなく月の友」（松尾芭蕉『更科紀行』）。写真は長楽寺の姨石。

姨捨

A　B　C

③ 長楽寺

姨捨観光会館

芭蕉句碑
姨捨公園

姨石　姨岩

広域図は
P167へ

N　0　50m
1:5,000

ここまで
1km

くひこうえん
句碑公園
句碑公園には、最近
の全国俳句大会の優
秀作品の句碑が立
つ。芭蕉、一茶、虚
子などの句碑は長楽
寺境内で見られる。

おばすてかんこうかいかん
姨捨観光会館
眺望が楽しめ、散策途中
のひと休みにもおすすめ
の観光案内所。
☎026-273-4170　働10：00
～18：00　休月曜

① 姨捨駅

START
GOAL

ここまで
2km

篠ノ井線

② 姨捨の棚田

千曲市

八幡

大池踏切

長野自動車道

●歩く時間 >>>
約50分

●歩く距離 >>>
約2km

●おすすめ季節 >>>
初夏◆(5~6月)・秋🍁(10月)

糸魚川
飯山
南小谷　湯田中
長野　須坂
屋代　軽井沢
信濃　姨捨　小諸
大町　上田
松本

一本松踏切

安曇野ICへ→　　←松本駅へ

姨捨駅のホームから眺める善光寺平の雄大な景色

標高
550m
姨捨駅
①
500m
②
③
450m　スタートから0.5km　1km　1.5km　2km **63**

信州の鉄道&車窓の名景……

千曲川沿いに雪深い信越の山々を眺めながらコトコトゆく、
2つのローカル線を紹介。

黒姫山（正面）、妙高山（右）をバックに、都住駅～桜沢駅間を走る長野電鉄

長野タウンを出発、北信五岳を次々に眺める長野電鉄

長野駅から須坂、小布施、信州中野を経て湯田中駅まで33.2km・24駅を走る長野電鉄。長野を出て善光寺下駅付近までは地下区間。村山駅手前で千曲川東岸へ渡ってからはローカルムードに。"長電"の魅力といえば北信五岳の眺望。小布施駅は五岳すべてを望むポイントだ。刻々と見え方を変える山々を、千曲川べりの桜・桃・リンゴの花が彩る。特急車両「ゆけむり」の車両は、元・小田急ロマンスカーのもの。先頭と最後尾の展望席が人気だ。

特急車両「スノーモンキー」では、JR東日本の「成田エクスプレス」で使われた車両が走る（夜間瀬駅～上条駅間）

❖ 北信五岳 ほくしんごがく ■名景MEMO■

北信州から望める、妙高山2454m、斑尾山1381m、黒姫山2053m、戸隠山1904m、飯綱山1917mの総称。妙高山だけは新潟県。地元では5つの山の頭文字をとって「まみくとい」と言い習わされている。

のどかな千曲川左岸を奥信濃へ向かう飯山線

JR信越本線の豊野駅を起点に、新潟の越後川口駅まで96.7kmを走る飯山線。曲がりくねる千曲川沿いに信越国境の山間の豪雪地域を走っており、栄村にある森宮野原駅では7m85cmの積雪記録がある（1945年。駅における最高積雪）。ラインカラーの黄緑色をあしらったディーゼル車両で、2両編成のワンマン運転が基本。長野県内の多くの区間で、東側に千曲川のビューが続く。

❖ 千曲川（信濃川）ちくまがわ（しなのがわ） ■名景MEMO■

埼玉・山梨・長野県境の甲武信ヶ岳を源流とし、川中島で犀川と合流、新潟県に入って信濃川となる。合計367kmのうち長野県部分が214km。飯山線の上境駅～上桑名川駅付近で流れが深く蛇行する様子が、川の名のもとになったという説も。

飯山線の車窓から千曲川を見る（替佐駅付近）

替佐駅～蓮駅間を走る飯山線

［信州］
軽井沢・東信州

高原リゾート・軽井沢や、かつての
北国街道の宿場町の面影を探して

糸魚川
飯山
湯田中
南小谷
須坂
長野
屋代
軽井沢 ★
信濃大町
上田
小諸
松本

軽　井　沢

·かるいざわ·

●歩く時間 >>>約2時間30分　　●歩く距離 >>>約7.5km

| 1日コース | START | バス停見晴台 | | ❶ 熊野皇大神社 | | ❷ 旧碓氷峠見晴台 | | ❸ 旧碓氷峠遊覧歩道 |

バス停見晴台

軽井沢駅から
町内循環バスなどで
4分、140円～の
バス停旧軽井沢下車。
徒歩5分のバス停
軽井沢観光会館から
「赤バス」で25分、
500円

❶ 熊野皇大神社

徒歩すぐ

(所要20分)

❷ 旧碓氷峠
見晴台

徒歩5分

(所要15分)

❸ 旧碓氷峠
遊覧歩道

徒歩すぐ

(所要60分)

徒歩60分

標高
1200m
1100m
1000m
900m

❶ ❷ ❸
見晴台

スタートから1km　　　　2km　　　　3km

❹

旧碓氷峠から旧軽銀座へ自然とみどころを満喫

軽井沢は熊の生息地なのでラジオや鈴などで音をたてながら歩くようにしよう

旧 軽井沢銀座通り奥の二手橋と旧碓氷峠見晴台を結ぶハイキングコース「旧碓氷峠遊覧歩道」から、賑わう旧軽井沢銀座、四季の自然を映す雲場池まで、軽井沢の自然とみどころを満喫するルート。熊野皇大神社までは、「赤バス」と呼ばれる軽井沢交通のバスを利用。下り中心になるため、森林浴と野鳥のさえずりを楽しみながらゆったり歩ける。標高1000mから1200mのルートは夏も木洩れ日のなかを涼やかに散策できるが、秋にはコナラやミズナラ、イロハカエデが黄金色や燃えるような紅に色づき、紅葉散策も堪能できるのが魅力。このほか、熊野皇大神社境内の「山口誓子の句碑」、旧碓氷峠見晴台の「万葉歌碑」、二手橋近くの「室生犀星文学碑」、軽井沢ショー記念館近くの「芭蕉句碑」など、文人墨客が愛した軽井沢ならではの文学碑めぐりもあわせて楽しみたい。

おさんぽアドバイス

旧碓氷峠遊覧歩道は初心者向きハイキングルートだが、未舗装路なので、滑りにくい靴と歩きやすい服装で。軽井沢観光会館前から見晴台への通称「赤バス」（軽井沢交通）は片道500円。4月下旬〜11月下旬運行。1日9〜11便。

● おすすめ季節 >>> 夏 🍃（7〜8月）秋 🍁（9〜10月）

❹ 日本聖公会 軽井沢ショー記念礼拝堂	❺ 旧軽井沢銀座	❻ 軽井沢聖パウロカトリック教会	❼ 雲場池	GOAL 軽井沢駅
	徒歩15分	徒歩10分	徒歩25分	徒歩35分 JR北陸新幹線・しなの鉄道
（所要30分）	（所要60分）	（所要30分）	（所要20分）	

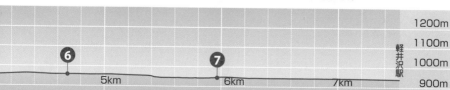

1200m
1100m
1000m
軽井沢駅
900m

5km   6km   7km

軽井沢

広域図は
P169へ

N 0 ――― 200m

1:21,000

御膳水
ごぜんすい

「ホテル鹿島ノ森」の敷地
内にある小さな渓谷の湧き
水が、雲場池の水源。ホテ
ル敷地内だが、小径を
通り自由に散策できる。

長野県
軽井沢町

松井田町坂本

白糸の滝へ

白糸ハイランドウェイ

三笠

旧三笠ホテル
(長期改修工事中)

三笠

山口誓子の句碑

一ノ字山 ▲

① 熊野皇大神社

峠町
START

万葉歌碑

見晴台

② 旧碓氷峠見晴台

愛宕神社

愛宕山

古峰神社

三笠通り

③ 旧碓氷峠遊覧歩道

ここまで
2km

④ 日本聖公会 軽井沢ショー記念礼拝堂

室生犀星文学碑

旧軽井沢

軽井沢川

遊覧歩道入口

桜ノ沢

ここまで
1km

群馬県
安中市

**⑥ 軽井沢聖パウロ
カトリック教会**

二手橋

二手橋

ここまで
3km

フランスベーカリー P73

一本松

神宮寺

芭蕉句碑

つるや旅館

芭蕉句碑

ここまで

聖パウロ教会前

大黒の湯

チャーチストリート

軽井沢観光会館

P ちもと P73

軽井沢観光会館

軽井沢

沢屋 旧軽井沢店 P73

ホテル
鹿島ノ森

一彫堂 ICCHODO 軽井沢彫家具工房 P73

旧軽井沢
GC

ここまで
5km

旧軽井沢

諏訪神社

万平ホテル

⑤ 旧軽井沢銀座

ここまで
4km

鹿島ノ森

ここまで
6km

離山通り

軽井沢

KYUKARUIZAWA
KIKYO

🍴レストラン 酢重正之 P73

中部電力前

軽井沢本通り

ささやきの小径

釜の沢

峠の茶屋の力餅
とうげのちゃや のちからもち

中山道最大の難所だった
旧碓氷峠。熊野皇大神社
の鳥居前には峠の茶屋が
数軒並ぶ。名物の力餅を
食べ比べてみては。

⑦ 雲場池

雲場池

六本辻

脇田美術館

旧軽井沢ホテル
音羽ノ森

軽井沢ニュー
アートミュージアム

北陸新幹線

碓氷トンネル

雲場池通り

新道

東雲

ここまで
7km

ホテルマロウド軽井沢

ホテルハーベスト軽井沢

妙照寺

碓氷峠

18

東部小

野沢原

新軽井沢

小さな美術館
軽井沢草花館

軽井沢
大賀ホール

矢ヶ崎

**カフェテラス
ミハエル** P73

中山道

矢ヶ崎公園

駅入口

新軽井沢

18

軽井沢東

しなの鉄道軽井沢駅

しなの鉄道

軽井沢駅

軽井沢バスターミナル

北陸新幹線

小諸駅へ

軽井沢駅

GOAL

晴山G

佐久平駅へ

ニューウエスト

ニューイースト

軽井沢・プリンス
ショッピングプラザ

軽井沢プリンスホテル

矢ヶ崎峠

68

❶ 熊野皇大神社
くまのこうたいじんじゃ

標高1200mの軽井沢の氏神

由来は『古事記』『日本書紀』の伝承にまで遡り、日本武尊が建立したと伝わる古社。本宮の中心が長野県と群馬県の境になっており、長野県側では「熊野皇大神社」、群馬県側では「熊野神社」と呼ばれている。樹齢1000年といわれる御神木のシナノキのほか、室町時代中期の作と伝わる狛犬など、みどころが多い。

☎0267-42-5749 ⓰軽井沢町峠町碓氷峠1 ⏰休料境内自由
MAP P68C2

本宮に向かって左側が長野県

歴史を学ぶ

中山道の宿場町として発展した「浅間根越の三宿」

標高1000m、8月でも平均気温が約22度という軽井沢は、爽やかな高原の避暑地として知られる。

だが、もともと軽井沢は「浅間根越の三宿」と呼ばれた追分宿、沓掛宿、軽井沢宿を軸に、江戸時代から中山道の宿場町として発展してきた歴史を持つ。旧中山道沿いには、往時を偲ぶ史跡が残る。旧軽井沢銀座の北、矢ヶ崎川に架かる「二手橋」は、軽井沢宿に泊まった旅人とそれを見送る旅籠の人がみながら二手に分かれたことが名の由来という。宿場町時代の軽井沢の歴史を静かに伝えている。

☎0267-42-2551 ⓰軽井沢町軽井沢38（軽井沢町観光会館）
MAP P68B2

矢ヶ崎川に架かる二手橋

軽井沢

見晴台からは八ヶ岳や南アルプスなどの山々の絶景が広がる

大正5年（1916）に軽井沢で講話を行ったインドの詩人タゴールの像が立つ

❷ 旧碓氷峠見晴台
きゅううすいとうげみはらしだい

長野、群馬の名峰を見渡す

碓氷峠の頂上近く、標高1200mにある展望公園。晴れた日には南アルプス、八ヶ岳、浅間山、妙義山を一望。夏には新緑、秋には紅葉を見渡すことができる。特に秋は、山頂付近から山裾へと紅葉前線が広がる様子が圧巻。条件が揃えば、眼下に広がる雲海が見られることも。広場にはベンチなどが整備され、ひと休みにぴったり。今回は、旧碓氷峠遊覧歩道の下りルートをとるため、ここが入口となる。

☎0267-42-5538（軽井沢観光会館）
⓰軽井沢町峠 ⏰休料散策自由
MAP P68C2

③ 旧碓氷峠遊覧歩道
きゅううすいとうげゆうらんほどう

軽井沢の豊かな自然を満喫

旧軽井沢と旧碓氷峠見晴台を結ぶ遊歩道。上りルートは約90分だが、下りなら約60分。途中、吊り橋や、秋には紅色に染まるカエデのトンネルなどがあり、豊かな自然林の森林浴と野鳥のさえずりを楽しみながらゆったり歩くことができる。道標も随所に設置されているため、道に迷うことなく歩きやすいのも魅力だ。

☎0267-42-5538(軽井沢観光会館) 住軽井沢町峠～軽井沢 時休料散策自由 MAP P68C2

未舗装の林道が続く遊覧歩道。木々の緑が心地よい

木製の道標が案内する

旧碓氷峠遊覧歩道で、多彩な植物と野鳥に出合う

旧碓氷峠遊覧歩道はブナやコナラ、カエデなどの落葉樹、モミやカラマツといった針葉樹に覆われて自然豊か。関東平野の平坦部から一気に長野県の高原になる階段のような地形のため濃霧が発生することが多く、湿性のモウセンゴケや、染料として乱獲され今は絶滅危惧種のムラサキなども見られる。また軽井沢は、日本のバードウォッチング発祥地。遊覧歩道でも、夏鳥のオオルリやキビタキ、ミソサザイやシジュウカラの姿や美しいさえずりを楽しむことができる。

④ 日本聖公会 軽井沢ショー記念礼拝堂
にっぽんせいこうかい かるいざわしょーきねんれいはいどう

軽井沢の歴史を刻む礼拝堂

木立の中にたたずむ木造の礼拝堂。軽井沢開発の父といわれるカナダ人宣教師A.C.ショーが、明治19年(1886)最初の夏を過ごし、布教活動の拠点とした軽井沢最古の教会だ。現在の礼拝堂の原形は明治28年(1895)に建立され、大正11年(1922)までにほぼ現在の形になった。庭にはショーの胸像と記念碑が立っている。

礼拝堂裏手にあるショーハウス記念館。ショーが建てた軽井沢初の別荘を復元

☎0267-42-4740
住軽井沢町軽井沢57-1
時9:00～17:00(冬期は～16:00) ※礼拝中は入堂不可 休不定休
料無料 MAP P68B2

礼拝堂の内部は木のぬくもりにあふれている

新緑や紅葉など季節ごとの彩りに包まれる礼拝堂

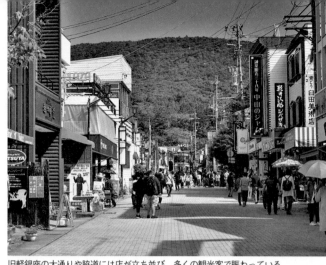

⑤ 旧軽井沢銀座
きゅうかるいざわぎんざ

ショップもグルメも充実

旧軽ロータリーからつるや旅館付近まで続く、旧軽銀座通りを中心としたエリア。宿場町の面影を残す老舗や信州の名物を揃えるみやげ店、カフェなど約200店が軒を連ねる商店街。特に「こばやし」「中山」などのジャム専門店や「ブランジェ浅野屋」「フランスベーカリー」などのパン店、モカソフトで知られる「ミカドコーヒー」などが人気。散策途中はもちろん、ショッピング、グルメ巡りにもおすすめ。

☎ 0267-42-5538(軽井沢観光会館)
🚩 軽井沢町軽井沢　MAP P68A3

旧軽銀座の大通りや脇道には店が立ち並び、多くの観光客で賑わっている

旧軽銀座通りに面して立つ軽井沢観光会館。木造のレトロな外観が目を引く

つるや旅館付近では宿場町の面影も感じられる

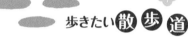

歩きたい散歩道

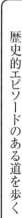
歴史的エピソードのある道を歩く

軽井沢ゆかりの作家・堀辰雄が恋人と歩いたアカシアの並木道が「ささやきの小径」。かつて道沿いに療養所があったことから別名「サナトリウムレーン」とも。堀の名作『美しい村』にも由来する道には「フレーガの径」もある。旧軽の裏通りにある小径は、かつて粉を挽く水車があったことから「水車の道」。大塚山へ向かう道はA・C・ショーの別荘への道だったことから「ショー通り」。室生犀星の別荘がある通りは「犀星の道」、ダニエル・ノーマンの別荘があったからノ軽井沢には多くの「歴史の道」がある。その背景を探りながら、歩いてみよう。

ささやきの小径。木洩れ日と川のせせらぎが心地いい　MAP P68B3

矢ヶ崎川のせせらぎの音と爽やかな風を感じられる「お気持ちの道」　MAP P68B2

⑥ 軽井沢聖パウロカトリック教会
かるいざわせいぱうろかとりっくきょうかい

三角屋根が軽井沢のシンボル

昭和10年(1935)に英国人ウォード神父によって設立されたカトリック教会。アメリカの建築家、アントニン・レーモンドがヨーロッパの田舎にある教会をイメージして設計。屋根にはめ込まれたマリア像と、その頂に輝く十字架が印象的で、三角屋根と大きな尖塔は軽井沢のシンボル的存在になっている。

外観は正面がチェコ風、鐘楼がスロバキア風の設計という

聖フランシスコの像

☎0267-42-2429　⊕軽井沢町軽井沢179
🕐7:00〜18:00(冬期は日没まで。礼拝中は入堂不可)　㊡無休
㊕無料　MAP P68A2

入口にあるパイプオルガン。音色が美しい

⑦ 雲場池
くもばいけ

軽井沢の四季を映す

御膳水からの清冽な水を源とする、六本辻近くにある静かな池。以前は冬に真っ白な白鳥が訪れたことから、軽井沢を開拓した外国人たちに「スワンレイク」の愛称で親しまれていた。一周約20分の散策路が整備されており、水面に映る木々、5月はショウブ、7〜9月には水辺の植物や水鳥、10月の紅葉と軽井沢の気候が織りなす四季折々の景色が楽しめる。

☎0267-45-6050(軽井沢観光案内所くつかけテラス内)
⊕軽井沢町軽井沢
🕐㊡㊕見学自由　MAP P68A3

雲場池は細長い形をしており、大男の足跡という伝説も残っている

池の周囲は一周約1kmの遊歩道になっている

おさんぽの途中に!

立ち寄りグルメ&ショップ

ちもと
ちもと

宿場町の面影を残す甘味処

旧軽井沢銀座の老舗甘味処。名物「ちもと餅」(210円)は、江戸時代の抹茶用菓子を今に伝えるもので、黒砂糖入りの求肥にくるみを絡めている。醤油味の「焼団子」(168円)も人気。

☎0267-42-2860
🏠軽井沢町軽井沢691-4
🕐10:00～18:00(7月下旬～8月9:00～20:00)
🈺無休(冬期は不定休)
MAP P68B2

一彫堂 ICCHODO 軽井沢彫家具工房
いっちょうどう かるいざわぼり かぐこうぼう

軽井沢彫の小物をおみやげに

初代から万平ホテルや宣教師の別荘家具を製作してきた軽井沢彫の老舗。店舗奥の工房で、手鏡(3520円～)や写真立て(8140円～)など軽井沢彫の小物や家具を製作・販売している。

☎0267-42-2557
🏠軽井沢町軽井沢775
🕐9:00～19:00(冬期10:00～17:30)
🈺無休(1～3月は不定休)
MAP P68A3

フランスベーカリー
ふらんすべーかりー

伝統と歴史を持つパン店

万平ホテルでベーカーチーフを務めていた田村寅次郎氏が、昭和26年(1951)に独立創業した老舗ベーカリー。フランスパン(ハーフ194円)やブルーベリーパイ(1620円)が人気。

☎0267-42-2155
🏠軽井沢町軽井沢618
🕐8:00～17:00
🈺木曜 ※夏期無休
MAP P68B2

沢屋 旧軽井沢店
さわや きゅうかるいざわてん

国産にこだわる無添加ジャム

国産フルーツとグラニュー糖だけで作るジャムを販売。定番のストロベリージャム(260g1188円)など種類豊富。テイクアウトで味わえるピロシキ(320円)もぜひ。

☎0267-42-8411
🏠軽井沢町軽井沢746-1
🕐9:00～18:00(8月は～19:00)
🈺無休(1月上旬～3月中旬は冬期休業) MAP P68B3

レストラン 酢重正之
れすとらん すじゅうまさゆき

信州食材を滋味あふれる和食で堪能

昔ながらの製法で造る味噌や醤油と厳選食材で仕上げる和食が評判。銅鍋で炊き上げたご飯が付く。酢重の信州五彩盛り(2772円)や彩り野菜と豚肉の黒酢炒め(1976円)など。

☎0267-41-2007
🏠軽井沢町軽井沢6-1 🕐11:00～21:00LO ※時期により異なる
🈺無休
MAP P68A3

カフェテラスミハエル
かふぇてらすみはえる

オープンエアの開放的空間

昭和51年(1976)創業の並木通りに面した人気のカフェ。自家製のすぐりジャムを使うロシアンティー(600円～)やクリームチーズトルテ(300円)がおすすめ。

☎0267-42-6750
🏠軽井沢町軽井沢1323
🕐10:00～18:00(8月9:00～19:00)
🈺4月～7月中旬の平日、10・11月の平日。12～3月は休業
MAP P68A3

軽井沢

新旧の文化が交わる
雄大な浅間山麓の宿場町

[東信州]

糸魚川
飯山
南小谷　湯田中
長野　須坂
屋代
上田　小諸　軽井沢
信濃大町　★
松本　信濃追分
コース **12**

信濃追分
・しなのおいわけ・

信濃追分

●歩く時間 >>>
約1時間30分

●歩く距離 >>>
約5.3km

●おすすめ季節 >>>
春🌸夏🍃秋🍁（4〜10月）

中 山道の浅間山麓にあった三宿、軽井沢、沓掛、追分のなかで、本陣、脇本陣、問屋、飯盛り女をたくさん抱えた旅籠が立ち並び、最も賑わったのが追分宿。今では静かで落ち着いていて歩くのによい。信濃追分駅からのアプローチは少し長いが、浅間山を眺め避暑地の雰囲気も味わいながら歩きたい。

―――（ おさんぽアドバイス ）―――

石畳風の舗装道路工事が完了し、電柱も地下に埋められた旧街道は、夏期など国道18号が渋滞すると車の通行が増えるので注意。

半日コース **START**

信濃追分駅 ≫ ❶浅間神社 ≫ ❷追分宿郷土館 ≫ ❸堀辰雄文学記念館 ≫ ❹追分宿の分去れ ≫ **GOAL** 信濃追分駅

軽井沢駅からしなの鉄道で8分 240円

徒歩30分

徒歩すぐ　（所要20分）

徒歩7分　（所要30分）

徒歩10分　（所要30分）

徒歩40分　（所要5分）

軽井沢駅へはしなの鉄道で8分 240円

標高
1000m
975m
950m

信濃追分駅　スタートから 1km　2km　3km　4km　5km　信濃追分駅

❶ ❷ ❸ ❹

静かな境内は休憩に最適

❶ 浅間神社
あさまじんじゃ

本殿は町内最古の木造建築物

浅間山を遥拝する里宮で本殿は室町後期に建立されたという軽井沢町最古の木造建築物。境内には浅間山の噴火で飛んできたといわれる焼石に、「ふきとばす石も浅間の野分かな」と刻まれた松尾芭蕉の句碑が立つ。芭蕉の句碑としては最大級とか。

☎0267-45-6050（軽井沢観光案内所 くつかけテラス内）
🏠軽井沢町追分
🕐休料参拝自由　MAP P76B1

❷ 追分宿郷土館
おいわけじゅくきょうどかん

神社に隣接する歴史博物館

江戸時代を中心に縄文時代から現代までの追分の歴史を年代別に紹介している。宿場当時の茶屋内部が復元され、本陣、脇本陣、旅籠、問屋などで使われた宿場の史料を展示。また軽井沢に伝わる伝統民謡『追分節』も聞ける。

☎0267-45-1466　🏠軽井沢町追分1155-8　🕐9:00〜17:00（祝日の場合は開館、7月15日〜10月31日は無休）　料入館400円（堀辰雄文学記念館と共通）　MAP P76B1

自然と調和する旅籠を模した建物

➤歩きたい散歩道

浅間展望の畑道

旧街道、国道18号の立原道造が「山の麓の村」と言った追分村を実感。農道なのでじゃまにならないよう気をつけよう。くと畑の中の道に出る。南側の斜面は広い高原野菜の畑が広がっている。分去れ手前の信号を南に下っていくと畑の中の道に出る。振り向くと浅間山の絶景が広がるビューポイント。詩人・北にのぼって用水路沿いを信濃追分駅に向かう道もあるが、森の中なので歩くなら明るい時間に。

道の手前はしなの鉄道の線路

右側：信濃追分

立ち寄りグルメ＆ショップ
おさんぽの途中に!

🍴 RK GARDEN
あーるけい がーでん

緑に囲まれたカフェレストラン

花屋に隣接したオープンエアな店内で、体にやさしいヴィーガン料理を楽しめる。ミネストローネ付きのヴィーガンキッシュ（1780円）など色鮮やかなメニューが揃う。

☎0267-31-5330　🏠軽井沢町追分1138-1　🕐9:00〜16:00LO　休火曜（11〜4月は別店舗にて営業）
MAP P76C1

🍴 蕎麦処ささくら
そばどころささくら

そば＋αも楽しみな人気店

行列の絶えない軽井沢のそばの名店。地元産と赤城深山産のそばの実を使用し、自家製粉、自家製麺したそばが評判。名物のおしぼりそば（980円）や、郷土の一品料理も美味。

☎0267-46-5577　🏠軽井沢町655-3　🕐11:30〜14:30LO、17:00〜20:30LO　休火曜（冬期は不定休）　MAP P76A1

🛍 古書追分コロニー
こしょおいわけころにー

カフェ併設の村の古書店

旅籠を模した建物が目を引く。テーマごとに構成された書棚、オリジナル雑貨など個性が光る古書店。靴を脱いで店内に上がると心地いい本の世界が広がる。

☎0267-46-8088　🏠軽井沢町追分612　🕐12:00〜17:00ごろ　休火・水曜（祝日の場合は営業、夏期無休、1〜3月は不定休）　MAP P76B1

信濃追分

広域図は P169へ

N 0 100m
1:10,000

A B C

① 浅間神社

② 追分宿郷土館

RK GARDEN P75

軽井沢西部小

フラワーフィールド
ガーデンズ

ここまで
2 km

追分

芭蕉の句碑

一里塚

GS

西部
小学校前

古書追分コロニー
P75

信濃追分文化磁場油や
P77

追分公園

P

18

諏訪神社

高札場跡
亀田屋商店

旧中山道
追分昇進橋

ここまで
4 km

佐藤豆腐店

日本ロマンチック街道

軽井沢町

ここまで
3 km

泉洞寺
追分公民館
追分公民館

ごんざ

③ 堀辰雄文学記念館

蕎麦処ささくら P75

追分宿

追分入口

④ 追分宿の分去れ

布来籠工房ままごと屋
ふくろうこうぼうままごとや

江戸期の旅籠を改装した雑貨店。
古布で作った小物が人気。
☎0267-45-4008 時11:00〜17:00
(11〜4月は〜16:00) 休水曜(冬期
休業あり)

三輪田学園
追分寮

追分

軽井沢森の家

つがるや
つがるや

宿場内が見通せないよう
宿場入口に枡形の石積み
があった名残。2階の漆
喰の白壁に枡形つがるや
の屋号が見られる。

しなの鉄道

小諸駅へ→

A B C

---

③ # 堀辰雄文学記念館
ほりたつおぶんがくきねんかん

信濃追分を代表する作家

　軽井沢をこよなく愛し、信濃追分に
暮らした作家・堀辰雄の旧宅敷地内に
ある文学館。直筆原稿、初版本、机や
椅子などの愛用品を展示。晩年を過ご
した住まい、書庫なども保存されてい
る。本陣の裏門を移築した入口をくぐ
り、林の中の小道を進んでいく。

☎0267-45-2050 住軽井沢町追分662
時9:00〜17:00 休水曜(祝日の場合は開館、7月
15日〜10月31日は無休) 料入館400円(追分宿
郷土館と共通) MAP P76B1

企画展、コンサートなどが
行われることもある

堀辰雄が愛した
泉洞寺の石仏

　散歩の途中に立ち寄
った泉洞寺裏手の墓
地にある素朴な石
仏。左手を頬にあて
た姿から地元では歯
痛地蔵尊と親しまれ
てきた。『信濃路』
に登場
する。

御膳水
ごぜんすい

諸大名が宿泊したときに用いられた井戸。明治天皇が行幸、追分本陣に宿泊の際に御料水として用いられた。

START

GOAL

ここまで
5km

信濃追分駅

◎ 信濃追分文化磁場油や
しなのおいわけぶんかじばあぶらや

宿場の中心にあった
旅館が文化発信基地に

追分宿のランドマーク的存在だった元脇本陣の旅館油屋の建物を保存活用した施設。油や回廊と名付けられた館内に、カフェ、ギャラリー、工房、古本屋、レコードショップなどが並び、廊下を歩けば、さまざまな文化にめぐり合える。

☎0267-31-6511
住軽井沢町追分607
時11:00〜17:00
休火・水曜(GW、夏期は無休)、11月上旬〜4月下旬
MAP P76A1

アートやクラフトなどに関するイベント、コンサートなども開催。わずかながら素泊まり施設もある

信濃追分

---

❹ 追分宿の分去れ
おいわけじゅくのわかされ

さらしなは右、みよしのは左

木曽を経て京都へ向かう中山道と、越後に向かう北国街道の分岐点。大きな常夜灯と道標、子持地蔵、マリア観音などの石造物が見られる。北国街道側を少し進んで右に折れると、馬頭観音や、ホームズ生誕100周年を記念して作られたシャーロックホームズ像が立つ。

住軽井沢町追分　時休料見学自由
MAP P76A2

子持地蔵の背中から見た分去れ(左)と、延原謙が追分の別荘で物語を翻訳した縁で建てられた世界に4体しかないシャーロックホームズ像

糸魚川
飯山
南小谷 湯田中
長野 須坂
屋代 軽井沢
信濃大町 上田 小諸
松本

東信州

小　諸

● 歩く時間 >>> 約**1時間20分**　　● 歩く距離 >>> 約**4km**

 1日コース **START**

小諸駅

軽井沢駅から
しなの鉄道で
25分
500円

❶ 小諸城大手門

徒歩
3分

（所要10分）

❷ 小諸宿本陣
主屋

徒歩
2分

（所要15分）

❸ 藤村記念館

徒歩
10分
（所要30分）

徒歩
10分

標高
700m
650m
600m

小諸駅

❶ ❷ ❸ ❹ ❺ ❻

スタートから1km

2k

北国街道の商都としても栄えた
高原の城下町を歩く

自然豊かな小諸城址公園懐古園。桜の名所としても知られる

島崎藤村が『千曲川旅情のうた』に詩った小諸は、浅間山麓に広がる坂の町。晴天率が高く、自然と歴史が豊かなところ。小諸城下の町、北国街道の宿場として、また近代には周辺の産物が集約される商都として発展してきた。町には、江戸、明治、大正、昭和の建物が多く残り、どこか懐かしく歩きたくなるような魅力がそこかしこにあふれている。千曲川の畔、400年の石垣が苔むした小諸城址懐古園から、江戸への参勤交代や善光寺詣での多くの旅人が行き交った旧北国街道をたどって本町、荒町、与良町へと歩いていこう。白壁や黒漆喰、土蔵造りの立派な建物の商家が多く見られる。島崎藤村や高濱虚子など、多くの文学者や芸術家に愛された町には、資料館や美術館といったみどころも多い。酒、味噌、蕎麦など、小諸ならではの商店と出合えるのも楽しい。

おさんぽアドバイス

小諸駅を出たら左に進んで線路をくぐる通路を通ると懐古園へスムーズに入れる。旧北国街道沿いの本町、荒町、与良町には、白壁、土蔵造りなど江戸期からの建物や明治、大正の建物で営業を続けている店が多く、建物ウォッチングも楽しい。

●おすすめ季節 >>> 春🌸（4~5月）秋🍁（9~11月）

④ 小諸市立 小山敬三美術館	⑤ 旧小諸宿本陣 問屋場	⑥ ほんまち 町屋館	⑦ 高濱虚子 記念館	GOAL 小諸駅

（所要30分）	徒歩10分 （所要5分）	徒歩5分 （所要20分）	徒歩20分 （所要30分）	徒歩20分 佐久平駅へは JR小海線で 15分 210円

⑦

	小諸駅	700m
		650m
3km	4km	600m

79

小諸

広域図はP168へ
1:8,000
0 80m
N

A — 市町 — 上田駅へ

B — **5 旧小諸宿本陣問屋場**

C — 実大寺卍 **そば蔵・丁子庵** P83 六供

懐古園入口
141
中沢川

4 小諸市立 小山敬三美術館
本町 本町
旧北国街道 旅籠つるや **6 ほんまち町屋館**
ここまで **2km**

ここまで **1km**
1 小諸城大手門
大手
小諸グランドキャッスル
大手
大塚酒造 酒蔵資料館
大塚味噌醤油店
明治の道路元標
そば・和風 大和屋紙店
藤村の井戸
相生局

2 小諸宿本陣主屋
しなの鉄道
三の門
小諸義塾記念館
相生町
相生町
小諸市役所

鹿嶋神社
3 藤村記念館
丁
懐古神社
市営動物園
START
ここまで **4km**
小諸ロイヤルホテル

小諸城址懐古園
古城
小諸駅 GOAL **停車場ガーデン** P83
赤坂
小諸病院
赤坂

古城
小諸
南町

松井川
小諸観光交流館
こもろかんこうこうりゅうかん
明治後期から大正期にかけて建てられた繭問屋の建物を修理改装した観光案内所。各種パンフも揃う。⊕9:00～17:00
㊡年末年始

2
乙
水明楼
中棚温泉⛰
中棚温泉 中棚荘H
弁慶橋
佐久平駅
南町

A — B — C

---

❶ 小諸城大手門

こもろじょうおおてもん

国重要文化財・小諸城の正門

慶長年間（1596～1615）、仙石秀久が城主のときに建てられた小諸城の正門・大手門は、近年保存修理が行われ、江戸時代の姿をよく伝えている。瓦屋根が堂々として立派。周辺も公園として整備された。小諸散策、懐古園へは、この門を仰いでから出かけたい。

☎0267-22-1700（文化財・生涯学習課）　㊟小諸市大手1-150　㊟㊡㊙見学自由（櫓内入場は4月上旬～11月上旬の土・日曜、祝日と8月の平日10:00～15:00）

MAP P80B1

本丸から数えて4番目の大手門は、四の門とも呼ばれる

コモロスミレ
こもろすみれ

スミレのなかでも希少な八重咲き。海応院で発見され、コモロスミレと名付けられた。小諸市の花。

三和

宗心寺 卍

卍海応院

荒町

酢久商店 P83

八幡町

卍全宗寺

⑦ 高濱虚子記念館

卍熊野神社

野岸小学校

荒町

卍八幡宮

佛光寺

野岸小

荒町・与良町

笠石の句碑へ

虚子の散歩道

ここまで
3km

与良局

長勝寺

藤村旧栖地
とうそんきゅうせいち

島崎藤村が小諸で暮らした住居跡。碑が立ち、近くに藤村も使ったであろう井戸が残る。

銭蔵
●北国街道与良館

与良町

中吉

坂の上中央

卍小諸局

18

紺屋町

小諸城址懐古園
こもろじょうしかいこえん

日本百名城に認定されている小諸城は全国的にも珍しい城下町より低い位置にある穴城。城跡が公園として整備されている。苔むした石垣が見事で、桜や紅葉の名所。園内に藤村記念館や小諸市立小山敬三美術館がある。

☎0267-22-0296 ⏺小諸市丁311 ⏰9:00〜17:00 ⏹12月〜3月中旬の水曜 ⏺散策券300円(動物園入園可)、共通券500円(藤村記念館、小諸市立 小山敬三美術館、郷土博物館、徴古館、動物園、小諸義塾記念館) MAP P80A1

③ 藤村記念館
とうそんきねんかん

藤村に多大な影響を与えた小諸

明治32年(1899)、小諸義塾の教師として赴任してきた島崎藤村は6年余を小諸で過ごし、ここで『雲』『千曲川のスケッチ』などの作品を生み、『破壊』を起稿した。小諸時代の作品、初版本、直筆原稿、愛用品などを展示。

☎0267-22-1130 ⏺小諸市丁315(懐古園内) ⏰9:00〜17:00 ⏹12月〜3月中旬の水曜 ⏺入館200円(懐古園内共通券500円) MAP P80A1

建物は谷口吉郎氏の設計

② 小諸宿本陣主屋
こもろじゅくほんじんおもや

歴史資料館として公開された建物

もとは街道沿い、本陣問屋の奥にあった参勤交代の諸大名が宿泊した建物を大手門公園内に移築。建物は旧部材を可能な限り使用し、上段の間など当時の間取りを忠実に再現している。人形、布小物作家の作品を展示販売するコーナーもある。

☎0267-24-7788 ⏺小諸市大手1-6-14 ⏰9:00〜17:00 ⏹木曜、11〜1月 ⏺無料 MAP P80B1

この建物には、かつて佐久市の寺に移築されていた歴史がある

❹ 小諸市立 小山敬三美術館
こもろしりつ こやまけいぞうびじゅつかん

小諸出身で文化勲章受章の洋画家

島崎藤村のアドバイスでフランスに留学し、日仏両国間で活躍した洋画家。『浅間山』『白鷺城』シリーズなどの代表作品が収蔵展示されている。昭和50年(1975)に建てられた建物は、昭和の名建築を数多く手がけた村野藤吾氏の設計によるもの。

☎0267-22-3428
🏠小諸市古城丁221　⏰9:00～17:00　🈺12月～3月中旬の水曜
💰入館200円(懐古園共通券500円)　MAP P80A1

住居兼アトリエが記念館として併設されている

現在は外観のみ見学可

❺ 旧小諸宿本陣問屋場
きゅうこもろじゅくほんじんとんやば

全国にも珍しい問屋場建築

小諸宿本陣兼問屋場に使用されていた江戸後期の建物。現存する問屋場建築の建物は希少で全国に2棟しか残っていない。国の重要文化財。問屋場は、旅人の荷物の受け渡しを行った場所。本陣主屋はこの奥にあった。

🏠小諸市市町1-2-29
MAP P80B1

町屋館は、町屋につるし雛が飾られる「お人形さんめぐり」などのイベントの拠点にもなる

❻ ほんまち町屋館
ほんまちまちやかん

商家を利用した町あるきの拠点

大正期の味噌醤油醸造元の建物を利用した案内所兼休憩所。案内人がいて町の歴史や建物について解説してくれる。商家の造りをそのままに生かし、蔵から荷を運び出すトロッコの線路が今でも土間に残っている。

☎0267-25-2770
🏠小諸市本町2-2-9　⏰9:00～17:00(11～3月10:00～16:00)
🈺月曜(祝日の場合は翌日)　💰無料　MAP P80C1

歴史を学ぶ

仙石秀久と小諸城

初代小諸藩主となったのが、豊臣秀吉の最古参の家臣で猛将といわれた仙石秀久。秀久は、城の大改修を行い、二の丸や大手門を建て、子の忠政が三の門、足柄門を建てた。秀久は現在の町の基となる城下町も完成させた。

また秀久は、本丸の西北端を突出させて三層の天守閣も築いたが、寛永3年(1626)の落雷で焼失。徳川の政策で再建されなかったといわれており、現在は自然石を積み上げた天守台のみが残っている。

かつては三層の天守閣があった天守台

虚子の愛した
与良の散歩道

記念館の裏手の斜面、国道18号までの間に広がる田園の中の小径。坂道を上っていくと大日堂や馬頭観音が広がり、田んぼや畑が広がり、その向こうには、北には浅間山、南には北アルプスから八ヶ岳、蓼科山などを見渡し、花が咲き水が流れ生活感のあるこの場所を、虚子は好んで散歩し、作品を生み出したり。左上写真のあたりには、とこどころに虚子の散歩道の道標と句碑が立っている。

笠に句が刻まれている笠石の句碑

❼ 高濱虚子記念館
たかはまきょしきねんかん

近代俳句の巨匠・高濱虚子

太平洋戦争の戦火を逃れ小諸に疎開した高濱虚子。直筆の代表句や資料を保存展示してある記念館。周辺は公園として整備され、虚子が暮らした住居・虚子庵や仕事部屋だった俳小屋も保存公開されている。

与良町の田園風景(上)。質素な造りの虚子庵(下)

☎0267-26-3010 　🏠小諸市与良町2-3-24
🕐9:00〜17:00 　休水曜(祝日の場合は翌日)
💴入館300円(高濱虚子記念館) 　MAP P81E2

立ち寄りグルメ＆ショップ

停車場ガーデン
ていしゃばがーでん

花と緑と地元の味がテーマ

花と緑、地場の食にこだわったカフェ＆ショップ。手入れの行き届いたガーデンを眺めながらのランチが人気。生産者から直接届くパンや焼菓子、花苗はおみやげに◎。

☎0267-24-2525 　🏠小諸市相生町1-1-9 　🕐9:00〜19:00(10〜3月は〜18:00) 　休木曜(祝日の場合は前日休) 　MAP P80B1

そば蔵・丁子庵
そばぐら・ちょうじあん

黒磨き漆喰の蔵造り

文化5年(1808)創業の老舗。高峰高原で栽培した地粉を使ったそばや、山菜、キノコなど、季節の食材で作る料理を総ケヤキ造りの店内で提供。天ざるそば(1870円)など。

☎0267-23-0820 　🏠小諸市本町2-1-3 　🕐11:00〜18:30 　休無休(12〜3月は火・水曜休) 　MAP P80B1

酢久商店
すきゅうしょうてん

じっくり醸造した味わい

300年以上も同じ場所で味噌を造り続けている「山吹味噌」の店舗。味噌(「黄金」1kg1296円〜など)や、味噌漬け、甘酒、醤油など体にいい発酵食品が並ぶ。

☎0267-22-0009 　🏠小諸市本荒町1-7-12 　🕐8:30〜17:00 　休日曜、祝日 　MAP P81D1

お稲荷さんに守られた 中山道の面影残す町

岩村田

いわむらた

【東信州】

コース 14

糸魚川
南小谷　飯山　湯田中
長野　須坂
屋代　軽井沢
信濃大町　上田　小諸
松本　岩村田★

●歩く時間 >>>
約1時間15分

●歩く距離 >>>
約5.1km

●おすすめ季節 >>>
春🌸(4~5月) 秋🍁(9~11月)

江 戸から数えて22番目の宿場が岩村田宿。城下町としても栄え、いくつもの街道が交差したためさまざまな産業や文化が交流し、佐久平の主要な町として賑わった。湯川沿いに続く明るく開けた道を歩けば、水源の浅間山の展望が間近に。八ヶ岳の山並みも遠望でき、肥沃な佐久平の恵みも実感できる。

(おさんぽアドバイス)

岩村田駅からは歩道があるが、旧街道の商店街から一歩入ると歩道のない道なので車に気をつけよう。

半日コース START
岩村田駅 ≫ ❶ 龍雲寺 ≫ ❷ 大井城跡・王城公園 ≫ ❸ 鼻顔稲荷神社 ≫ ❹ 西念寺 ≫ GOAL 岩村田駅

佐久平駅から
JR小海線で
2分
150円

徒歩15分

(所要10分)

徒歩5分

(所要30分)

徒歩15分

(所要30分)

徒歩30分

(所要30分)

徒歩30分

(所要30分)

徒歩10分

佐久平駅へは
JR小海線で
2分
150円

標高
710m
700m
690m
680m

岩村田駅　❶　❷　❸　❹　岩村田駅

スタートから1km　2km　3km　4km　5km

84

樹齢は不明だが、長野県下でも巨木に数えられる王城のケヤキ

① 龍雲寺
りゅううんじ

武田信玄中興の寺

鎌倉時代に地元の豪族・大井氏によって開基された。その後、曹洞宗に改宗され、武田氏によって中興された。境内には信玄公霊廟があり、昭和の初めにここで発掘されたという信玄の遺骨、裂裟環や短刀などの副葬品が納められている。

☎0267-62-3285（佐久市観光協会）　🏠佐久市岩村田415
🕐🈺🉐境内自由　MAP P86B1

信玄必勝祈願の井戸も見られる

② 大井城跡・王城公園
おおいじょうせき・おうじょうこうえん

ケヤキの巨木がシンボル

鎌倉から室町時代にかけて地元の豪族・大井氏が城館とした城跡。湯川の断崖を利用した城跡には樹高が26mもある長野県指定天然記念物「王城のケヤキ」がそびえ立ち、樹下にはさまざまな神様が祀られている。現在は公園として整備され、市民の憩いの場に。

湯川に架かる昭和橋、右手川沿いを進むと鼻顔稲荷へ

🏠佐久市岩村田3465-2
🕐🈺🉐散策自由
MAP P86C2

岩村田

おさんぽの途中に！　立ち寄りグルメ＆ショップ

戸塚酒造
とつかしゅぞう

日本一?! 小さい酒蔵

創業360年の小さな造り酒屋。八ヶ岳の伏流水で仕込んだ「寒竹」（大吟醸720㎖3300円）のほか、軽井沢産麦を使った焼酎「しろがっぱ」（720㎖1320円）もある。

☎0267-67-2105
🏠佐久市岩村田752
🕐8:00〜18:00　🈺日曜、祝日（土曜不定休）　MAP P86B2

三月九日青春食堂
さんがつここのかせいしゅんしょくどう

地元の食文化を発信

築100年近い古民家を利用した開放的な店内で、ボリューム満点の料理を提供。佐久市産の米粉を使った鼻顔梅うどん（710円）や信州豚のしょうが焼き定食（1000円）など。

☎0267-68-1139
🏠佐久市岩村田本町762-5
🕐11:30〜14:00、18:00〜22:00
🈺日・月曜　MAP P86B2

和泉屋菓子店
いずみやかしてん

大正9年（1920）創業の老舗

地元で採れた米やフルーツ、花豆、くるみなどの農産物をふんだんに使った和洋菓子が揃う。花豆ようかん（1本648円）やはんじゅくちーず（1個140円）などが人気。

☎0267-68-5000
🏠佐久市岩村田749
🕐9:00〜19:00
🈺無休　MAP P86B2

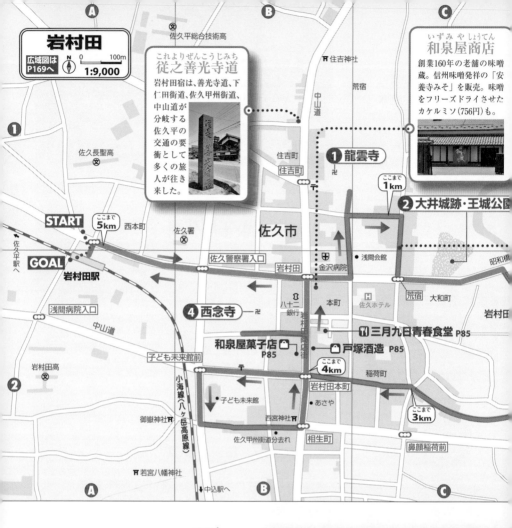

岩村田

広域図は
P169へ

N 0 100m
1:9,000

佐久平総合技術高

従之善光寺道
これよりぜんこうじみち

岩村田宿は、善光寺道、下仁田街道、佐久甲州街道、中山道が分岐する佐久平の交通の要衝として多くの旅人が往き来した。

和泉屋商店
いずみ や しょうてん

創業160年の老舗の味噌蔵。信州味噌発祥の「安養寺みそ」を販売。味噌をフリーズドライさせたカケルミソ(756円)も。

住吉神社

荒宿

中山道

①龍雲寺

ここまで
1km

②大井城跡・王城公園

住吉町

住吉町

佐久市

START

ここまで
5km

西本町

佐久署

佐久長聖高

GOAL

岩村田駅

佐久平駅へ

佐久警察署入口

岩村田

金沢病院

浅間会館

荒宿

大和町

昭和橋

岩村田

浅間病院入口

中山道

④西念寺

八十二銀行

本町

佐久ホテル

🍴三月九日青春食堂 P85

岩村田高

子ども未来館前

和泉屋菓子店
P85

🏠戸塚酒造 P85

ここまで
4km

稲荷町

小海線(八ヶ岳高原線)

子ども未来館

御嶽神社

西宮神社

岩村田本町

あさや

ここまで
3km

佐久甲州街道分去れ

相生町

鼻顔稲荷前

若宮八幡神社

中込駅へ

鼻顔稲荷神社

③鼻顔稲荷神社
はなづらいなりじんじゃ

伏見稲荷より勧進された

京都清水寺の舞台のような朱色の懸崖造の本殿が湯川の沿岸にそびえ立ち、市街地越しに八ヶ岳から浅間山へと壮観な展望が開ける。日本五大稲荷のひとつとされ、商店街のマンホールに狐が描かれているように、地元の篤い信仰をうけている。また境内にはケヤキと赤松が双生した「相生の樹」を祀るお社もあり、縁結びの御利益があるとされる。

☎0267-68-8469　🏠佐久市岩村田4261
🕐🈡🈯参拝自由　MAP P87D2

本殿と別に狐が祀られた御姿殿

荒宿 あらじゅく

荒宿交差点から北に延びる道沿いには、土蔵のある家並みが見られる。このあたりは中山道が整備される以前の街道だった。

安原

3 鼻顔稲荷神社

鼻顔公園　市営球場

町

ここまで
2km

鼻顔橋

岩村田商店街を歩く

岩村田

市街地の南北に延びる旧中山道の宿場の中心街が、そのまま現在の商店街のメインストリートとなっている。雁木風の歩道が続き、老舗の酒蔵や味噌蔵、地元の食材を生かした菓子舗や食事処が集中し、東西南北へとつながる街道から多くの人や物が行き来した当時の雰囲気がそのまま伝わってくるような活気にあふれている。また昭和初期に建てられたであろうコンクリートのレトロな建物も見られ、古き良き時代の姿を色濃く残す懐かしい横丁に迷い込むのも楽しい。

商店街にある西念寺への参道入口

入母屋瓦葺きの楼門

❹ 西念寺
さいねんじ

旧岩村田藩主の菩提寺

永禄3年（1560）に創建された、武田信玄公を祀る古刹。旧小諸城初代藩主の仙石秀久、岩村田藩主の内藤家の菩提寺。戦国時代に村とともに荒廃した寺を浄土宗の僧侶が布教して再興した。境内には仙石秀久の墓所もある。本尊は、宇治平等院と同じ定朝様式の本尊阿弥陀如来坐像（県宝）。

☎0267-67-2378　 佐久市岩村田1188
 参拝自由　 P86B2

像高130cm超の本尊が祀られる本堂

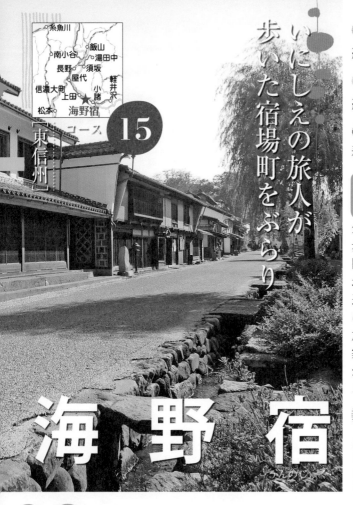

いにしえの旅人が歩いた宿場町をぶらり

海野宿
うんのじゅく

歩く時間 >>>
約1時間5分

歩く距離 >>>
約3.7km

おすすめ季節 >>>
春🌸(4~5月) 秋🍁(10~11月)

まるで江戸時代にタイムスリップしたような気分になれるのが、海野宿散歩の楽しみ。「日本の道百選」「重要伝統的建造物群保存地区」に選定された北国街道の宿場で、かつては大いに賑わっていた。宿内には旅籠屋造や茅葺き屋根の家、堅牢な蚕室造りの建物が混在して、独特の趣がある町並みになっている。

> ### おさんぽアドバイス

田中駅から海野宿に入ると、あとは大屋駅まで一本道。大屋駅に近づくに従い現代家屋が多くなるが、往時の気分で歩きたい。

半日コース **START** 田中駅 >> ❶ 白鳥神社 >> ❷ 海野宿歴史民俗資料館 >> ❸ 海野宿本陣跡 >> ❹ なつかしの玩具展示館 >> **GOAL** 大屋駅

田中駅	上田駅からしなの鉄道で10分 240円

徒歩20分

❶（所要15分）

徒歩4分

❷（所要15分）

徒歩2分

❸（所要5分）

徒歩2分

❹（所要15分）

徒歩36分

大屋駅 上田駅へはしなの鉄道で6分 230円

標高 520m / 500m / 480m / 460m

田中駅 ❶ ❷❸❹ 大屋駅

スタートから1km　2km　3km

海野宿の歴史や養蚕に関する資料が展示されている

ケヤキの木は樹齢800年を超す

❶ 白鳥神社
しらとりじんじゃ

古き神と土地の祖先を祀る

　伝説によれば、東征途中の日本武尊がこの地に滞在したことが白鳥神社の起こりとか。このあたりを治めた豪族・海野氏の祖を祭神とし、周辺の人々の産土神として信仰を集めている。拝殿前の30mもあるケヤキの木がすばらしい。

☎0268-62-1949　⊕東御市本海野1116　⊕㊡㊫境内自由
MAP P90C2

❷ 海野宿歴史民俗資料館
うんのじゅくれきしみんぞくしりょうかん

古い旅籠を利用した歴史の宝庫

　海野宿の風習と歴史が展示された資料館。江戸時代の寛政年間（1789～1801）に建てられた。馬屋、帳場や表座敷・奥座敷などがある。明治以降は養蚕農家となり、海野宿特有の江戸時代の旅籠屋造と明治以降の養蚕農家の形式を兼ね備えた建物になっている。

海野格子が美しい外観

☎0268-64-1000
⊕東御市本海野1098
⊕9:00～16:30（冬期は～15:30）
㊡12月21日～2月末日
㊫入館200円　MAP P90C2

おさんぽの途中に!　立ち寄りグルメ&ショップ

福嶋屋
ふくじまや

信州産の香り高いそば

海野宿の築120年を超える古民家を使ったそば店。信州産の石臼挽きそば粉を使用した二八そばと、信州産のくるみを使ったくるみおはぎのもりそばセット（1200円）をぜひ。

☎0268-62-0514
⊕東御市本海野1121
⊕11:00～15:00　㊡木曜（12～3月は不定休）　MAP P90C2

ガラス工房 橙
がらすこうぼう だいだい

ガラスのきらめきが美しい

レトロであたたかい雰囲気の手作りガラスを扱う工房。特産品のくるみを使った「くるみガラス」（グラス2750円～）の商品が人気。ゆったり過ごせるカフェも併設している。

☎0268-64-9847
⊕東御市本海野1071-3
⊕10:00～17:00　㊡不定休
MAP P90C2

Pizza&Bar WZU
ぴっつぁあんどばーる うず

本格ピッツァを堪能

田中駅前でもちもち生地の本格ピッツァが楽しめると評判の店。定番のマルゲリータ（1320円）や秋冬限定のりんごピッツァのほか、カクテルなどのドリンクも種類豊富。

☎0268-63-1551
⊕東御市田中285
⊕11:30～14:00、17:00～24:00
㊡月曜　MAP P91D2

海野宿

広域図は
P168へ

N 0 200m
1:18,000

曽根

大屋

大屋駅

GOAL

上田駅へ

大石橋

大屋神社

駅前

大屋橋

松山記念館

石井

メンタルサポート
そよかぜ病院

長瀬北街道

東郷橋

東郷橋入口

塩川市乃町神社

向陽院

火産霊神社

中曽根新王塚古墳

足穂神社

信濃東部自動車学校

和

しなの鉄道

ここまで
3km

本海野

18

ここまで
2km

興善寺

滋野神

不動公園

日向が

ガラス工房 橙
P89

福嶋屋 P89

P

4 なつかしの玩具展示館

3 海野宿本陣跡

2 海野宿歴史民俗資料館

1 白鳥神社

本海野

長瀬

坂井

恵光院

坂井

塩川

上田市

塩川小

稲荷大明神

郷仕川原

媒地蔵
なかだり じぞう

縁を取り持つ縁結びのお
地蔵様として観光客にも
人気がある。

南方大明神

---

❸ 海野宿本陣跡

うんのじゅくほんじんあと

多くの大名が通った歴史の拠点

海野宿のほぼ中央にある本陣跡。立派な長屋門が格好の撮影スポット。江戸時代には北国街道を使い参勤交代の往来をしていた、加賀前田藩や越後高田藩などが、この本陣を利用しており、かつては敷地内に殿様用の居間や湯殿、家来用の部屋がある大きな屋敷だった。現在は長屋門などがわずかに残り、当時の面影をしのばせている。

☎0268-62-7701（信州とうみ観光協会）
⊕東御市本海野1052　※内部見学不可　MAP P90C2

往時の雰囲気を彷彿とさせる長屋門

海野宿

「うだつを上げる」の卯建を眺めに

「うだつを上げる」とは出世した意味の慣用句。海野宿ではこの卯建を見ることができる。海野宿資料館の隣にある2軒の家には、2種類の卯建がある。江戸時代の「本卯建」は家の両端の壁を屋根よりも一段高く上げて、小屋根を屋根の上に張り出した袖卯建

「うだつを上げる」をつけたもの。「火返し」とも呼ばれ、防火壁の役目を果した。

「袖卯建」は1階の屋根の上につけた、装飾を兼ね備えた袖壁のこと。「うだつを上げる」の意味はどうやらこちら。どちらも立派な家の象徴だ。

屋根の上に張り出した袖卯建

全国から集められた千余点の懐かしい郷土玩具が展示されている

④ なつかしの玩具展示館
なつかしのがんぐてんじかん

子どものころに戻れる癒やし空間

海野宿の中ほどにある江戸時代の建物を改修した展示館。郷土玩具愛好家が40年ほどかけて、全国から集めた珍しい玩具コレクションを展示。今では見ることがほとんどできない、懐かしい素朴な郷土玩具を通して、日本古来の風俗や子ども心にふれられる。

アケビ細工や張子など長野の民芸品

☎0268-62-1207　㊐東御市本海野855-1
㉄9:00～16:30(冬期は～15:30)
㉑12月21日～2月末日　㊍入館200円　MAP P90C2

建物は江戸後期の厨子二階造

ゆうふるたなか
ゆうふる tanaka
田中駅の隣にある日帰り温泉施設。泉質はナトリウム塩化物泉。㉄10:00～22:00(入館は～21:15)　㉑第2水曜　㊍入浴510円

海善寺北
井高
和
海善寺池
D
E
新屋
海善寺
東御市
諏訪神社
宿入口
県
北国街道
県
東御市役所
田中資料館
東御清翔高
ここまで
1km
田中小
田中
火 東御署
中央公民館入口
東御局
2
田中駅前
Pizza&Bar
P89 WZU
田中
START
田中駅
土川原
田中南
小諸駅
駅南口
羽毛山
田中橋
D
E

北国街道の家並みから真田氏が築いた城跡へ

糸魚川
飯山
南小谷 湯田中
長野 須坂
信濃大町 屋代 軽井沢
松本 ★上田 小諸

上　田
・うえだ・

● 歩く時間 >>>
約45分

● 歩く距離 >>>
約3.6km

● おすすめ季節 >>>
春🌸(4~5月) 秋🍁(10~11月)

上 田は戦国時代、真田氏によって開かれた城下町。名将・真田幸村の父、昌幸が築城した上田城を中心に、北国街道の街道筋だった柳町に、古い家並みが残り、風情を醸し出している。池波正太郎の名作『真田太平記』の舞台になったこともあり、作品ゆかりの池波正太郎真田太平記館、上田城跡公園などみどころも多い。

(おさんぽアドバイス)

上田駅から北へは緩やかな勾配になっている。道路標識やマンホールなど各所にデザインされた六文銭にも注目してみよう。

半日コース START 上田駅
JR北陸新幹線
しなの鉄道
上田電鉄別所線

徒歩10分

❶ 池波正太郎真田太平記館
（所要40分）

徒歩3分

❷ 柳町
（所要60分）

徒歩18分

❸ 上田城跡公園
（所要30分）

徒歩3分

❹ 上田市立博物館
（所要30分）

徒歩12分

GOAL 上田駅
JR北陸新幹線
しなの鉄道
上田電鉄別所線

標高
460m
450m
440m

上田駅
スタートから　1km
2km
3km
上田駅

上田

A

B

C

① 池波正太郎真田太平記館

② 柳町

③ 上田城跡公園

④ 上田市立博物館

広域図はP168へ
1:8,000
N
0 80m

裁判所
上田局
北国街道
上田城公園入口
八幡宮
中央北
花園病院
信州上田医療センター
中央西一・二
矢出沢川
宮下医院
常磐城
中央西
ここまで 2km
上田城跡公園 陸上競技場
上田城跡公園 野球場
北大手町
中央
ルヴァン P95
森文 P95
保命水
勤労者 福祉センター
ここまで 1km
中央三
上田招魂社
二の丸
柳澤病院
安藤病院
上田城跡
二の丸通り
上田中央署
清明小
中央
原町局
大手一・二
旧市民会館
第二中
上田市役所
商工会議所
べんがる
原町
141
2
ここまで 3km
天神
上田市
大手
上田高
三井住友
松尾町
3
刀屋

上田市観光会館
うえだしかんこうかいかん
上田城跡公園に隣接した上田観光の拠点。1階はみやげ品の売店、喫茶、そば店。2階は無料休憩コーナー、案内所がある。

北陸新幹線
しなの鉄道
アリオ 上田店
サントミューゼ
天神2
みすゞ飴本舗 飯島商店 P95
中央1
141

眞田神社
さなだじんじゃ
真田父子をはじめ、代々の上田藩主を祀る。難攻不落の「落ちない城」にあやかり、勝負運・学業成就にご利益がある。

上田警察署入口
お城口
相鉄フレッサイン
長野上田駅前

岡崎酒造
おかざきしゅぞう
江戸時代創業の蔵元。美山錦 純米 大吟醸39％（720mℓ3900円）などの「信州亀齢シリーズ」が人気。

GOAL
START
上田駅
上田東急REI
別所温泉駅へ
上田駅～城下駅間 長期運休中
千曲川
小諸駅へ
佐久平駅へ
常田
4

① 池波正太郎 真田太平記館
いけなみしょうたろう
さなだたいへいきかん

真田家の波瀾万丈の歴史を知る

『真田太平記』をはじめ「真田もの」と呼ばれる作品を数多く発表した池波正太郎。取材のために何度も上田を訪れたといい、その足跡や、作品に関連した挿絵や資料を展示している。映像やプロジェクションマッピングを使った展示もあり、作品の魅力を新たに感じられるスポットだ。

☎0268-28-7100　🏠上田市中央3-7-3
🕐10:00～18:00（入館は～17:30）
🈺水曜（祝日の場合は翌日）
💴入館400円　MAP P93C2

本館2階に真田太平記コーナーや池波正太郎コーナーがある。池波氏の書斎の様子や遺愛品、書簡、自筆画等が展示されている

館内の交流サロンには喫茶のほか、関連するグッズや池波作品の書籍販売あり

歩きたい 散 歩 道

池波正太郎が
愛した上田

池波正太郎の代表作『真田太平記』は、昭和49年（1974）から8年にわたり週刊誌に連載された長編歴史小説。文庫本で12巻にもなる。その後も一連の真田ものと呼ばれる小説を執筆しており、取材のため池波は何度も上田を訪れていた。市内には池波が足繁く通った店が今も営業している。洋食店「べんが」のカレー、「刀屋」の蕎麦（下写真）。足跡をたどりながら、池波の愛した上田を歩いてみたい。

MAP P93C3

---

② 柳町
やなぎまち

家並み美しい北国街道の宿場町

柳町は旧北国街道沿いの古い家並みが残る通り。柳の木が多かったことが町名の由来とか。通りには、かつて旅籠屋や商家が軒を連ね、有名な上田紬を商う呉服屋も多かったという。うだつを上げた家や、白い土塀に格子戸の家、老舗の造り酒屋など、生活の息吹を感じさせる通りだ。

🏠上田市中央4　🕐🈺💴見学自由
MAP P93C1

石畳の道路が続き白い土塀の家などが並んで雰囲気のある柳町

復元された櫓門。櫓内には真田氏をはじめ歴代藩主に関する資料を展示

❸ 上田城跡公園
うえだじょうせきこうえん

戦国武将の息吹を感じる城跡

真田昌幸によって築城された上田城。次男の幸村とともに、関ケ原の戦いに向かう徳川秀忠軍を足止めしたエピソードは有名。関ケ原での敗戦後、破却されたが、江戸時代に仙石氏によって再建。現在では桜や紅葉の名所として市民に親しまれている。

二の丸の堀跡はケヤキ並木の遊歩道

☎0268-23-5408（上田市商工観光部観光課）　🏠上田市二の丸　🕐入園自由　🈂無休（櫓内は水曜、祝日の翌日）　💰入園無料（櫓内は300円）
MAP P93A2

❹ 上田市立博物館
うえだしりつはくぶつかん

上田の歴史にふれる

上田城跡公園内にあり、上田地方の中世以降の歴史・民俗・自然資料を数多く収蔵・展示。別館では真田氏に関する資料を中心に見学でき、歴代上田藩主の甲冑や重要文化財の反射望遠鏡などは必見。

☎0268-22-1274　🏠上田市二の丸3-3　🕐8:30〜17:00　🈂水曜（祝日の場合は翌日）　💰入館300円（上田城櫓との共通券500円）
MAP P93B2

本館は上田の主要産業であった養蚕業の象徴・蚕室造を基に設計
写真提供：上田市立博物館

おさんぽの途中に！　立ち寄りグルメ＆ショップ

🛍 みすゞ飴本舗 飯島商店
みすゞあめほんぽ いいじましょうてん

上田みやげといえばこれ

明治の末に初代が信州特産の果物果汁と寒天を水飴に加えたみすゞ飴を考案。「みすゞ」は『万葉集』に見られる信濃の枕詞。透明な色合いと自然な甘さが美味。260g486円。

☎0268-23-2150
🏠上田市中央1-1-21
🕐10:00〜18:00
🈂不定休　MAP P93B3

☕ 森文
もりぶん

柳町の古民家でほっこり

柳町にある築130年余りの呉服屋、郵便局だった歴史的建物を生かした、喫茶と食事の店。おこわ御膳（1500円、要予約）や手作りケーキ（450円）などでひと休みしよう。

☎0268-22-1458
🏠上田市中央4-7-31
🕐10:00〜18:00
🈂月曜　MAP P93C1

🛍 ルヴァン
るゔぁん

自家製酵母にこだわったパン

柳町の古民家を利用したパン屋さん。人気のカンパーニュまるごと（1200円前後、量り売り）をはじめ、自家製発酵種と石臼挽きの国産小麦を使ったパンが数多く揃う。

☎0268-26-3866　🏠上田市中央4-7-31　🕐パン店9:00〜18:00、カフェ11:30〜17:00(16:30LO)　🈂水曜、第1木曜　MAP P93C1

[東信州]

糸魚川
飯山
南小谷　湯田中
長野　須坂
信濃大町　屋代　軽井沢
　　　上田　小諸
松本　塩田平

コース 17

塩田平

・しおだだいら・

● 歩く時間 >>> 約2時間25分　　● 歩く距離 >>> 約10.8km

1日コース START

塩田町駅 >>

上田駅から代行バス（※）で8分、城下駅下車。上田電鉄別所線別所温泉行きに乗り換え18分 420円

❶ 無言館

徒歩32分

（所要40分）

❷ 前山寺

徒歩10分

（所要30分）

❸ 中禅寺

徒歩20分

（所要30分）

徒歩60分

標高

600m
550m　塩田町駅
500m
450m
400m

❶　❷　　　❸

スタートから2km　　　4km

古刹と名湯がたたずむ信州の鎌倉 その自然と歴史にふれあう

独鈷山の山麓に立つ前山寺の本堂。名物のくるみおはぎも味わいたい

塩田平は「信州の鎌倉」と呼ばれ、国宝、重要文化財を有する美しい寺社がいくつも点在する。自然に恵まれ、四季折々の花に囲まれた古刹をめぐりながら、名湯・別所温泉までを歩くルート。塩田平は降雨量が少なく、山からの清涼な風が心地よい、散策に適した気候だ。大小合わせて100カ所余りのため池があり、灌漑に利用されてきた。独鈷山など周囲の山々が映り込む水面の美しさは、塩田平散策のみどころのひとつ。舌喰池あたりから上田市街を望む眺望のよさは爽快感抜群だ。ルートは昔ながらの農業地域で、高低差はあるものの、車も少なく歩きやすい。戦没画学生の遺作を集めた全国的にも珍しい美術館・無言館は必見。別所温泉街では、北向観音堂、安楽寺などの古刹を詣でるだけでなく、大湯などの歴史と風情があふれる外湯もめぐってみたい。

おさんぽアドバイス

全国「遊歩百選」にも認定されたやや長めのコース。無言館から中禅寺あたりまでは上り坂が続くので、足元のしっかりした靴がおすすめ。途中、塩田の館や塩田の里交流館などトイレのある休憩ポイントもあるので安心だ。

● おすすめ季節 >>> 春🌸(4~5月) 秋🍁(10~11月)

❹ 北向観音堂 ≫ **❺ 安楽寺** ≫ **❻ 別所神社** ≫ **GOAL 別所温泉駅**

徒歩5分
（所要20分）

徒歩8分
（所要25分）

徒歩9分
（所要15分）

上田駅へは上田電鉄別所線上田行きで27分、城下駅下車。城下駅から代行バス（※）に乗り換え8分 590円

※上田電鉄別所線は2019年10月の台風被害の影響により上田駅〜城下駅間を代行バスで運行中（代行バスの料金は乗車料金に含む）

塩田平

広域図は P167へ

N 0 200m
1:23,000

A B C

法輪寺

八木沢

上平池

舞田

別所公園

八木沢駅

舞田駅

慕宮池

⑥ 別所神社

❶

お休み処
お茶の間
P101

分去

常楽寺

別所温泉駅

GOAL

別所温泉

ここまで
8km

山田池

⑤ 安楽寺

ここまで
10km

長寿園

あいそめの湯

塩田西小

大飾湯

花屋旅館

🍴 カピトリーノ
P101

アート金属工業
山田工場

石湯

足湯 大湯
葵師の湯

別所温泉

上田市

玉屋旅館

ここまで
9km

大湯(葵の湯)

満願寺

塩田の里交流館
(とっこ館)

さくら国際高

④ 北向観音堂

山田

ここまで
7km

舌喰池

❷

女神岳 ▲

しお の じんじゃ
塩野神社

平安時代にはすでにあっ
た古社で、独鈷山の巨石
信仰を受け継ぐ。境内の
静謐で神さびた雰囲気は
心を揺さぶる。

無量寺

ここまで
6km

野倉

手塚八幡社

手塚

ここまで
5km

A B C **③ 中禅寺**

静かな林の中に立つ、中世の教
会のようなたたずまいの外観

❶ 無言館
むごんかん

戦没画学生の心を感じる

塩田平の高台に立つ、戦没画学生
たちの作品を展示する美術館。戦争と
はほど遠い芸術の世界に身を置きなが
ら、戦地に赴かなくてはならなかった
若者たちの、声にならない声が聞こえ
てきそうな絵画の数々が切ない。

☎ 0268-37-1650
🏠 上田市古安曽山王山3462
🕘 9:00〜17:00 🏠 火曜 💴 入館1000円
MAP P99E2

パレットをモチーフにした記念碑

塩田町駅
塩田平は「遊歩百選」「美しい日本の歩きたくなるみち500選」などに選定。道しるべも多く、わかりやすく歩きやすい。

中塩田駅
上田駅へ→
男池
五加
塩田中
瀧澤寺
電鉄別所線
塩田町駅
道しるべ
中野駅
塩田病院
START
中野前山
道しるべ
新町
塩田地域自治センター前
五加前池
両川
上本郷
本郷
十人王神社
泥宮大神
ここまで 1km
古安曽
柳沢
手洗池
神戸川
ここまで 2km
前山
青龍寺
① 無言館
P101 ジューンベリー
「傷ついた画布のドーム」
山王山公園
あじさい小道
（歩きたい散歩道）
ここまで 3km
塩田の館
塩田城跡
塩野池
龍光院
三島社
② 前山寺

D E D E ① ②

塩田平

豆知識

のどかな里山に広がる美しいため池群

塩田平は肥沃な土壌に加え、晴天の多さ、低すぎない気温など気候的にも稲作に適した条件が揃っていたが、降水量が少なく、農業用水確保のために多くのため池が造られてきた。特に江戸時代に工事が盛んに行われ、「塩田三万石」と呼ばれる重要な穀倉地帯に。その収穫量は上田藩の石高の約半分を占めるほどに。現在、ため池の数は大小100余り。今も地元の農業を支えているほか、ため池にまつわる民話も数多く残り、地域の伝統や文化にも大きな影響をもたらしている。

上田市街を望む舌喰池（したくいいけ）。「人柱」に選ばれた美しい娘が舌を噛み切ったという伝説が残る

塩田の里交流館（とっこ館）ではため池の仕組みを解説

塩田の館のそばに広がる塩野池

② 前山寺
ぜんさんじ

簡素な三重塔が美しい

平安時代開山といわれる古刹。みどころは国の重要文化財の三重塔。窓も扉もなく、また廻廊も勾欄もない、しかし完結された美しさを持つ「未完成の完成の三重塔」だ。境内は季節折々の花が咲き「花の寺」とも呼ばれている。名物「くるみおはぎ」750円でひと休みもいい。

☎ 0268-38-2855　🏠 上田市前山300　🕘 9:00〜16:00　🈳 無休　拝観200円　MAP P99D2
※くるみおはぎは4〜11月10〜15時（木・金曜休）

三重塔（右）や茅葺きの本堂を拝観した後はくるみおはぎを（左下）

❸ 中禅寺
ちゅうぜんじ

のどかな境内が心地よい

中禅寺は県内最古といわれる国の重要文化財・茅葺き屋根の薬師堂と、境内の木々、花々がなごみをくれる寺院。薬師堂内の本尊木造薬師如来座像と、脇侍の木造神将立像も、国の重要文化財に指定されている貴重な文化財。平安時代末から鎌倉時代初期のおおらかなたたずまいを感じさせてくれる。

心癒やされるたたずまいの薬師堂

☎0268-38-4538
🏠上田市前山1721
🕐9:00～16:00　休無休
料拝観200円
MAP P98C2

ひっそりとした薬師堂内のやさしい表情の仏像

歩きたい 散歩道

歴史香る別所温泉外湯めぐり

別所温泉には3つの外湯（共同浴場）がある。すべてが源泉かけ流しの上質な湯。温泉街の散策途中にぜひ立ち寄ってみたい。3つの湯には歴史が香る。北向観音堂脇の慈覚大師ゆかりの湯「大師湯」第1・3木曜休）、池波正太郎の作品に登場する真田幸村隠しの湯「石湯」（第2・4火曜休）、吉川英治作品に登場する木曽義仲ゆかり葵の湯のモデル「大湯」（第1・3水曜休）。それぞれ時間は6～22時、入浴料は150円。

（問合せ：別所温泉財産区☎0268-38-5750）

北向観音堂のそばにある大師湯

石湯の浴槽は石造り

賑わう大湯（葵の湯）

---

❹ 北向観音堂
きたむきかんのんどう

善光寺と対でお参りしたい

北向観音堂は、平安時代の天長2年（825）に慈覚大師円仁により開創。善光寺が来世の利益、北向観音が現世の利益をもたらすといわれ、両寺を併せてお参りすることが昔からの習わしとされる。境内の手前には慈覚大師の湯「大師湯」があり、手水も温泉だ。

☎0268-38-2023
🏠上田市別所温泉1666
時休料参拝自由
MAP P98A2

めずらしい北向きに立つ本堂は参詣者が絶えない

小説のモデルにもなった「愛染かつら」の巨木

温泉の手水

三重塔は日本最古の禅宗様建築との説もあり

❻ 別所神社
べっしょじんじゃ

塩田平と温泉街を一望

常楽寺隣の小高い丘の上に立つ神社。祠に男石、女石、子宝石が祀られており、縁結びの御利益があるといわれている。本殿は市の文化財で彫刻が見事。拝殿横の神楽殿からは塩田平や浅間山が一望でき、すがすがしい風が心地よい。

☎0268-38-3510（別所温泉観光協会）　🏠上田市別所温泉2338　🕐休料参拝自由　MAP P98A1

塩田平

❺ 安楽寺
あんらくじ

八角三重塔の建築美は圧巻

凛とした雰囲気の漂う禅宗寺院。みどころは国宝の八角三重塔。特に屋根の部材のリズミカルな組み上げは見事だ。建立年代は鎌倉末期、現存する近世以前の八角塔としては、日本で唯一のもの。周囲の緑もまた気持ちいい。

境内には木々や花も多く、心安らぐ空間

☎0268-38-2062　🏠上田市別所温泉2361　🕐8:00〜17:00（11〜2月は〜16:00）　休無休　料拝観300円　MAP P98A1

拝殿右の神楽殿は大きな梁も見事

おさんぽの途中に！

立ち寄りグルメ＆ショップ

🍴 ジューンベリー
じゅーんべりー

自然派レストラン

無言館の近くに立つ一軒家レストラン。自家菜園でとれた野菜など、厳選食材を使った手作りの料理やスイーツが楽しめる。ミカド珈琲が付くランチセット（1410円〜）など。

☎0268-39-0332　🏠上田市古安曽3505-9　🕐11:30〜14:00LO、17:30〜21:00　休火曜、第1月曜　MAP P99D2

☕ お休み処 お茶の間
おやすみどころ おちゃのま

故郷のような温かい空間

別所神社のすぐそばにある民家を利用した喫茶店。母娘で営む温かい雰囲気が、まさにお茶の間の居心地。三色よもぎ団子は、粒あん、きなこ、ゴマをかけて風味豊かに。自家製漬け物付き650円。

☎0268-38-5630　🏠上田市別所温泉2344　🕐9:30〜15:00　休無休　MAP P98A1

🍴 カピトリーノ
かぴとりーの

石窯で焼き上げる絶品ピッツァ

500℃の高温で一気に焼き上げるピッツァが評判のイタリアン。定番のマルゲリータ（1780円）や期間限定で味わえる地物の松茸を使ったピッツァやパスタが人気。

☎0268-38-3140　🏠上田市別所温泉68-4　🕐11:00〜14:00LO、17:00〜20:00LO　休水曜　MAP P98B1

信州の鉄道&車窓の名景……

山々が作り出すダイナミックな大展望、見事な構図。
山の国信州ならではの鉄道旅へ。

しなの鉄道線・篠ノ井線

雄大な浅間山の麓を
しなの鉄道がカタコトゆく

長野新幹線の開業とともに、軽井沢駅～篠ノ井駅間65.1kmの鉄道としてスタートしたしなの鉄道。JR東日本で使われていた車両を、ワンマン運転を主体に運行している。車窓の主役は、迫力ある浅間山。軽井沢を出て信濃追分、御代田あたりまでは、山肌が望める時間が多い。ほかにも、軽井沢駅～長野駅間を走る観光列車「ろくもん」も人気があり、真田一族をイメージした濃い赤を使用した車両で、信州食材をふんだんに使用した料理を楽しむことができる。

浅間山をバックに、グレーに赤、4本の白線をあしらった"しなてつカラー"が走る（信濃追分駅～御代田駅間）

浅間山を間近に見ながら走る観光列車「ろくもん」
写真提供：しなの鉄道株式会社

■名景MEMO■
❖ 浅間山 あさまやま

長野県・群馬県の境にある世界有数の活火山。2568m。最古の噴火記録は天武天皇14年（685）で、最近は2009年。2020年5月現在の噴火警戒レベルは「1」。軽井沢口・小諸口などの登山ルートに限り、火口500mのところまで登ることができる。

信州の真ん中を縦断する篠ノ井線
姨捨の絶景は"日本三大車窓"

松本平の塩尻駅と善光寺平の篠ノ井駅を結ぶ篠ノ井線66.7km。山間路線ながら、中央本線・信越本線と乗り入れ、「しなの」などの特急列車が直通するのも特徴だ。電車は塩尻から松本を過ぎると山峡へ。犀川沿いでなく山越えルートを取っているため、長いトンネルや急勾配が続く。やがて冠着山麓の冠着駅から、篠ノ井駅に向かい300m近い標高差を駆け下りる。スイッチバックが行われる姨捨駅や桑ノ原信号場付近の大展望がこの路線のハイライト。

善光寺平と千曲川、それを囲む北信の山々の景色は"日本三大車窓"（姨捨駅～稲荷山駅間）

全国でも数少ないスイッチバック駅の姨捨駅近辺の車窓風景。善光寺平を眼下に

■名景MEMO■
❖ 姨捨 おばすて

冠着山1252mの北麓一帯の地名。古来オハツセ、オハステなどの地名があったところへいわゆる棄老伝説が重なり、この文字が当てられたと見られる。古くから棚田の名所。国の名勝、お月見ポイント全国第1位、日本の棚田百選第1号などに認定。

［信州］
松本・安曇野

諏訪大社や松本城のある歴史ある町から、
アルプスの麓の田園風景エリアへ

コース **18**

松本・安曇野

諏訪人の心意気を感じ 御柱の里に残る寒天蔵を訪ねる

茅野
ちの

松本

小海
下諏訪
★茅野
伊那市 小淵沢
塩尻
奈良井
木曽福島
南木曽
飯田
中津川

● 歩く時間 >>>
約1時間5分

● 歩く距離 >>>
約2.9km

● おすすめ季節 >>>
春🌸 夏🍃 秋🍁 (4~11月)

諏訪大社の大祭「御柱祭」は数えで7年ごと、旧暦の寅年と申年に行われる。八ヶ岳御小屋山の神林から曳き出される御柱は直径1m以上もある樅の大木8本。この祭りのみどころは、勇壮な「木落し」と豪快な「川越し」だ。宮川には、上社木落しの舞台となる「木落し公園」や諏訪地方の名産を支えた寒天蔵などが残っている。

┌─ おさんぽアドバイス ─┐

宮川には寒天蔵が4軒残っているが、内部を見学できるのは宮川寒天蔵だけ。見学する場合は丸井伊藤商店に声をかけよう。

半日コース | START | 茅野駅 | ① 木落し公園 | ② 貧乏神神社 | ③ 宮川寒天蔵 | ④ 鈿女神社 おかめ | GOAL 茅野駅

茅野駅	木落し公園	貧乏神神社	宮川寒天蔵	鈿女神社	茅野駅
JR中央本線	徒歩20分 (所要30分)	徒歩10分 (所要15分)	徒歩7分 (所要30分)	徒歩2分 (所要15分)	徒歩25分 · JR中央本線

標高
800m
780m
760m

茅野駅 ──── ① ──── ② ③ ④ ──── 茅野駅

スタートから1km　　　　　2km

104

茅野

広域図は P171へ

N 0 ── 70m
1:7,000

A 上諏訪駅へ

山高味噌

B 永明小
永明中

C

茅野駅前　茅野駅入口
茅野町北
サンパレス
茅野町

永明小・中入口

塚原

茅野市役所
◎

1

市民館前
茅野市民館

惣持院
卍 白岩観音堂

市役所西
市役所

ひとまち
プラザ

START
GOAL
茅野駅

茅野西口
寒天のモニュメント

茅野駅東口

仲町

塚原仲町

ちの
駅前郵便局 〒
虹の森
駅前
ベルビア

茅野市

2

松木寒天蔵
まつき かんてんぐら
板倉4階建て、土壁漆喰仕
上げの建物。周辺に水路
が流れている蔵は、現役
で活躍していたころの面
影を十分に彷彿させる。

仲町東

丸平川魚店
P107

ちのステーション
ホテル

茅野駅南

仲町

中央本線

仲町南

老人ホーム白駒の森
ダイヤ菊酒造

茅野町

増木寒天蔵
ます き かんてんぐら
板倉3階建て、土壁漆喰
仕上げの建物。壁の色が
黄土色なのが特徴。色が
塗られたのは戦時中とい
われている。

上川
上川橋
上川橋

1 木落し公園

玉川

宮川小

3

ここまで
1km

和洋菓子 梅月 P107

茅野市中央公民館

卍 宗湖寺

宮川

ここまで
2km

国枝神社

JA

食事処
やまと

丸井伊藤商店
P107

宮川学校下

甲府駅へ

イリイチ寒天蔵
いり い ち かんてんぐら
板倉4階建ての蔵は土壁
漆喰仕上げの建物。正面
から見るといくつかの窓
が漆喰で塗り込められて
いるのが特徴的。

茅野郵便局 〒

ホテルちの

2 貧乏神神社

4 鈿女神社

宮川

3 宮川寒天蔵

(20)

メリーパーク

茅野

中央自動車道

諏訪南→ C

A

B

C

4

❶ 木落し公園
きおとしこうえん

「御柱祭」木落しの舞台

上社山出し木落しの舞台。頂上から見下ろすと、かなりの迫力の斜面は平均斜度約26度。御柱祭では急坂を8本の御柱がすべり落ちていく。上川に囲まれた場所にある高台の公園からはJR中央本線や御柱が曳行される御柱街道、茅野市街が一望できる。

☎0266-73-8550(ちの旅案内所)
🏠茅野市宮川4628
🕐休料入園自由　MAP P105C3

上社木落しは御柱に立てられた "めどてこ" がいかにV字のまま落ちるかという美しさも重視されている

公園の御柱のモニュメントには
V字の "めどてこ" が立つ

東屋や遊歩道が整備
された見晴らしのい
い公園

豆知識

寒天の里
かんてんのさと

茅野駅前の
モニュメント

冬の高原地帯の気候を利用した天然角寒天づくりは長野県を代表する地場産業。茅野市は寒天製造農家が多く、「寒天の里」として知られている。茅野駅西口にあるモニュメントは、角寒天をイメージしたガラス製の作品。

駅前に立つモニュメント

丸井伊藤商店味噌蔵の中に祀られている

❷ 貧乏神神社
びんぼうがみじんじゃ

叩いて蹴飛ばして貧乏神を追い出せ

丸井伊藤商店の奥にある参拝方法が珍しいと話題の神社。祭主は「貧乏はお金ではない、心の問題」という悟りをもとにこの神社を創建した。参拝は、「貧棒」で神前にあるご神木を3回叩き、3回蹴り飛ばし、貧乏神に豆をなげつけるという独自の手順で行う。

貧乏神に頭を下げたり手を合わせ
て拝んではいけない

☎0266-72-2272(丸井伊藤商店)　🏠茅野市宮川4529
🕐休料9:00〜17:00
MAP P105B3

寒天の保管庫として活躍した蔵からは歴史の風格がにじみ出ている

❸ 宮川寒天蔵
みやがわかんてんぐら

現役で活用されている歴史遺産

寒天作りには夜間冷え込む茅野の気候がうってつけ。昭和初期建造の蔵は板倉3階建て、土壁漆喰仕上げ。鉄板を外にはね上げて角材で固定する窓の蔀戸（しとみど）が特徴的。今は寒天蔵として使われていないが御柱の資料などが保存され、コンサート会場にも使われている。

蔵の中にはステージが設けられている

☎0266-72-2272（丸井伊藤商店）
🏠茅野市宮川4434
🕐🈡🉐見学は蔵前の丸井伊藤商店に声をかける　MAP P105B4

❹ 鈿女神社
おかめじんじゃ

「金」「田」「女」カネタメの神社

「笑う門には福来たる」として、鈿女の字を分けて金の貯まる神社として縁起もよく、人々に愛されているおかめ様。昭和8年（1933）、商売繁盛・家内安全・厄除け・縁結び祈願のために安曇野松川村より分社して以来、地元宮川商業会がお祀りしている。

☎0266-72-2272（丸井伊藤商店）
🏠茅野市宮川4515-1　🕐🈡🉐境内自由　MAP P105B4

茅野

今は街の賑わいを取り戻すために氏子が大切にお祀りしている

おさんぽの途中に！　　　立ち寄りグルメ＆ショップ

和洋菓子 梅月
わようかし ばいげつ

寒天を使った諏訪の味

寒天を原料にした諏訪地方の味が揃う菓子店。精魂こめて作りあげた塩羊羹をはじめ、バームクーヘンで塩羊羹をくるんだ宮川らしい名前の「御柱」1本1100円など。

☎0266-72-2076
🏠茅野市宮川4274
🕐8:30～18:30
🈡無休　MAP P105B3

丸井伊藤商店
まるいいとうしょうてん

創業100年を越える味噌蔵

昔ながらの天然蔵には、天然二年味噌、三年味噌が背丈よりも大きな木樽で静かに熟成し時を待っている。うま味とコクが自慢の英味噌1kg850円、古式醸造味噌1kg1000円。

☎0266-72-2272　🏠茅野市宮川4529　🕐9:00～17:00（予約すれば工場見学可）　🈡無休
MAP P105B3

丸平川魚店
まるへいかわざかなてん

家庭的な味付けの甘露煮

諏訪湖の淡水魚介類の甘露煮が揃う川魚店。春と秋が旬のわかさぎを使った、わかさぎ佃煮紅梅煮200g 1080円、わかさぎ筏焼10串入1200円。鰻重ランチ2850円（時価）～。

☎0266-72-2466
🏠茅野市ちの3076
🕐10:00～19:00（ランチ11:00～14:00）　🈡水曜　MAP P105A2

19

[松本・安曇野]コース

下諏訪

・しもすわ・

●歩く時間 >>> 約1時間25分　　●歩く距離 >>> 約3.9km

1日コース　START

下諏訪駅

茅野駅から
JR中央本線で
20分
240円

❶
日本電産サンキョー
オルゴール記念館
すわのね

徒歩15分

（所要30分）

❷
諏訪大社
下社秋宮

徒歩5分

（所要30分）

❸
しもすわ今昔館
おいでや

徒歩3分

（所要30分）

徒歩3分

標高
790m
780m
770m
760m
750m

下諏訪駅

❶ ❷ ❸ ❹ ❺

スタートから1km

温泉地として知られる下諏訪駅前には
熱い湯が湧くオブジェがある

中山道の宿場町風情が残る諏訪大社下社の町

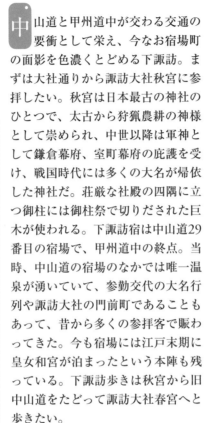

中山道と甲州道中が交わる交通の要衝として栄え、今なお宿場町の面影を色濃くとどめる下諏訪。まずは大社通りから諏訪大社秋宮に参拝したい。秋宮は日本最古の神社のひとつで、太古から狩猟農耕の神様として崇められ、中世以降は軍神として鎌倉幕府、室町幕府の庇護を受け、戦国時代には多くの大名が帰依した神社だ。荘厳な社殿の四隅に立つ御柱には御柱祭で切りだされた巨木が使われる。下諏訪宿は中山道29番目の宿場で、甲州道中の終点。当時、中山道の宿場のなかでは唯一温泉が湧いていて、参勤交代の大名行列や諏訪大社の門前町であることもあって、昔から多くの参拝客で賑わってきた。今も宿場には江戸末期に皇女和宮が泊まったという本陣も残っている。下諏訪歩きは秋宮から旧中山道をたどって諏訪大社春宮へと歩きたい。

おさんぽアドバイス

諏訪大社秋宮に向かう大社通りの中ほど、左にゆるやかに上る坂道入口に「旧下諏訪宿入口」の案内板がある。この坂道をたどると宿場の面影が残る家並みを通って中山道、甲州道中の合流点に出ることができるが、まずは直進して秋宮に向かいたい。

下諏訪

● おすすめ季節 >>> 春 (4~5月) 秋 (9~11月)

④ 下諏訪本陣 岩波家		⑤ 今井邦子 文学館		⑥ おんばしら館 よいさ		⑦ 諏訪大社 下社春宮		GOAL 下諏訪駅
	徒歩5分		徒歩20分		徒歩3分		徒歩30分	茅野駅へはJR中央本線で20分240円
(所要20分)		(所要20分)		(所要30分)		(所要30分)		

下諏訪駅

790m
780m
770m
760m
750m

m　　　　　　　　　　3km

下諏訪

広域図は
P171へ

N 0   70m
1:7,000

広域図はP171へ

7 諏訪大社下社春宮

万治の石仏

春宮の旧参道脇にある不思議な石仏。自然石の上に小さな頭がのった石仏で、画家の岡本太郎が絶賛したことから有名になった。

東町中

水月公園

慈雲寺

砥川

大門局

ここまで
2km

仲町

竜の口

新町下

142

御作田神社

旧中山道

子育て
ふれあい
センター

ここまで
3km

6 おんばしら館 よいさ

下馬橋

春宮の大鳥居の前、御手洗川に架かる反り橋。長さ10m、幅3mほどの小さな橋で桁行四間の銅瓦葺の屋根がかかっている。

大門

田中町

大門通り

諏訪共立病院

5 今井邦子文学館

御田町下

下諏訪町

4 下諏訪本陣岩波家

来迎寺

湯田仲町

**3 しもすわ今昔館
おいでや**

茶房まと
P113

新鶴本
P113

ここまで
1km

旅館奴

ぎん月

まる

宿場街道資料館

江戸時代、中山道下ノ諏訪宿を通行した皇女和宮・水戸天狗党・赤報隊などの足跡が今も数多く残る下諏訪町。当時の史料から、江戸の旅を知ることができる。
⏰9:00〜17:00 休月曜(祝日の場合は翌日)

中央通

御田町

料理自慢の宿

立町

旅館みなとや

桔梗

みなとや旅館

P113 山猫亭本店

花咲町

駅前

20

大社通り

中山道下諏訪宿
高札場跡

大社通り

御田町通り

オルゴール通り

広瀬町

大社通
●食祭館

上馬場

富士見町

下諏訪中

上久保

2 諏訪大社下社秋宮

岡谷駅へ

GOAL **START**

金作木材

**1 日本電産サンキョー
オルゴール記念館すわの**

下諏訪駅

中央本線

東鷹野町

大和電機工業

20

上諏訪駅へ

オリジナリティあふれるオルゴールをはじめ、さまざまなオルゴールが揃うミュージアムショップ

① 日本電産サンキョーオルゴール記念館すわのね
にほんでんさんさんきょーおるごーるきねんかんすわのね

アンティークオルゴールの生演奏に感動

　日本唯一のオルゴールメーカー、日本電産サンキョーのコレクションを収蔵する博物館。ヨーロッパやアメリカのアンティークオルゴールを中心に展示している。なかには150年以上前のものもあって変遷がわかる。オリジナルグッズ販売コーナー、オルゴールを聴ける喫茶室も併設。

博物館の外観
☎0266-26-7300
住下諏訪町5805
時9:00～17:30（10～3月は～17:00）
休月曜（祝日の場合は翌日）、10月～3月15日 料入館1000円
MAP P110C3

秋宮の見事な彫刻に見入る

● 秋宮幣拝殿
あきみやへいはいでん

諏訪大社下社秋宮には本殿がなく御神木であるイチイの木を祀っている。その前には東西宝殿、幣拝殿、左右片拝殿、神楽殿が建立されている。これらの社殿配置は諏訪大社特有のものとされている。秋宮幣拝殿は立川和四郎冨棟の代表作といわれ、見事な彫刻が施されている。安永10年（1781）に建築され、その両側に左右片拝殿、境内を囲むように4本の御柱がこれら社殿を囲むように立っている。

幣拝殿の奥に御宝殿と三の柱、四の柱が立つ

重さ約1t、長さ約7.5m、最大部の直径が約70㎝の芯2本をより合わせた、秋宮神楽殿のしめ縄

杉木立に囲まれた手水舎

② 諏訪大社下社秋宮
すわたいしゃしもしゃあきみや

神楽殿の大きなしめ縄は圧観

　幣拝殿、左右片拝殿、神楽殿は国の重要文化財に指定されている。御祭神は上社同様、建御名方神とその妃神の八坂刀売神。神楽殿の巨大なしめ縄が荘厳な雰囲気を漂わせ、境内には青銅製の大きな狛犬が立っている。年間を通じて多くの参拝客が訪れる。

☎0266-27-8035　住下諏訪町5828
時休料参拝自由　MAP P110C3

樹齢約800年といわれる高さ約35mの根入りの杉。秋宮のご神木のひとつで、真夜中になると枝を下げて寝入るといわれる

館内にはショップや、休憩スペース、足湯を併設しているので散歩の休憩にぴったり

❸ しもすわ今昔館 おいでや
しもすわこんじゃくかん おいでや

縄文時代からの文化を今に伝える

900年余りの時を超えて完全復元された水運儀象台を見ることができ、時計づくりを楽しめる「時計工房 儀象堂」と縄文時代と黒曜石の関わりを学べる「星ヶ塔ミュージアム 矢の根や」から構成されている。観光パンフレットを配布し、まち歩き情報も発信している。

☎0266-27-0001　㊏下諏訪町3289
🕘9:00〜17:00（12〜2月9:30〜16:30）
㊡無休　入館600円　🅼🄰🄿P110C3

復元された水力式大型天文観測時計塔

❹ 下諏訪本陣岩波家
しもすわほんじんいわなみけ

中山道随一の名庭園

宿場町として栄えていたころ本陣として参勤交代の諸大名など身分の高い人を泊める旅籠として使われていた。敷地には京風の武家屋敷や茶屋、土蔵などが立ち往時の繁栄をしのばせる。

☎0266-28-7055　㊏下諏訪町横町3492
🕘要予約
㊒500円　🅼🄰🄿P110C3

築山庭式石庭園は中山道随一の名園といわれた

❻ おんばしら館 よいさ
おんばしらかん よいさ

諏訪の祭り文化を楽しむ

諏訪大社で7年に一度、宝殿を造設し、社殿の樅の大木を建て替える「御柱祭」を体感できる。樅の木にまたがり、木落坂を下る目線で楽しめる木落し体験装置や、みどころを紹介する御柱経路の模型など、祭りの魅力と迫力が伝わる展示はどれも必見。

☎0266-26-0413　㊏下諏訪町168-1　🕘9:00〜17:00
㊡無休　㊒300円　🅼🄰🄿P110A1

❺ 今井邦子文学館
いまいくにこぶんがくかん

アララギ派の歌人の足跡を垣間見る

昭和初期に女性だけの歌誌『明日香』［あすか］を創刊した今井邦子の記念館。旧中山道沿いにある建物は邦子の実家で、『明日香』編集室として使われていたこともある江戸時代の茶屋を再現したもの。館内には『明日香』創刊号や原稿などを展示。

文学館は下諏訪宿の茶屋、松屋の建物を復元したもの
☎0266-28-9229
㊏下諏訪町湯田町3364
🕘9:00〜16:30
㊡月曜（祝日の場合は開館）、祝日の翌日　㊒無料　🅼🄰🄿P110C2

木落し体験の柱は、樅の木から型をとり忠実に再現している

⑦ 諏訪大社下社春宮
すわたいしゃしもしゃはるみや

竜の見事な彫刻が施された幣拝殿の欄間

御祭神は建御名方神、八坂刀売神の2柱を祀る春宮。春宮、秋宮の呼称は、御祭神が鎮座する季節によって命名されたもの。旧中山道宿場町で賑わう秋宮に比べ、春宮は静かで落ち着いた雰囲気。毎年2月1日には遷座祭が、8月1日にはお舟祭りが行われる。

☎0266-27-8316（春宮社務所）
🏠下諏訪町193
🕐休祝参拝自由
MAP P110A1

修改築が何度か施されているが厳かなたたずまいの神楽殿

春宮の幣拝殿は大きさの違いはあるが、秋宮と同じ図面で建てられているので秋宮の幣拝殿と構造は全く同じ

ご利益あるご神木

● 結びの杉
むすびのすぎ

諏訪大社下社春宮の境内に生い立つ「結びの杉」。「先で二又に分かれているが根元で一つになっていることから縁結びの杉といわれております」との説明書きが掲示されているご利益ある杉。秋宮の根入りの杉と同様、春宮のご神木。

下社春宮境内の結びの杉

おさんぽの途中に! 立ち寄りグルメ＆ショップ

🛍 新鶴本店
しんつるほんてん

絶妙な甘味の塩羊羹

十勝産の小豆と茅野産の寒天をナラの薪を焚いて練り上げる。明治6年（1873）創業の老舗店の変わらぬこだわりだ。塩羊羹（1棹950円〜）、新鶴もちまん（1個160円）。

☎0266-27-8620
🏠下諏訪町横町木の下3501
🕐8:30〜18:00
休水曜 MAP P110C3

🍜 山猫亭本店
やまねこていほんてん

八ヶ岳産のコシのあるそば

八ヶ岳産の玄そばを石臼で挽いて二八で打ったそばが絶品。ボリュームたっぷりなとろろが付いたとろろ蕎麦（1287円）、そば粉を使用したデザートそばちちスイーツ（385円）も人気。

☎0266-26-8192
🏠下諏訪町立町3574
🕐11:00〜16:00
休無休 MAP P110C3

☕ 茶房まどか
さぼうまどか

松本民芸家具を配した大人の空間

旧脇本陣と旅籠を復元した御宿まるやに併設。漆喰の壁に松本民芸家具のインテリアを配し落ちついた雰囲気。まるやブレンド（500円）、自家製チーズケーキセット（800円）。

☎0266-27-5151（まるや）
🏠下諏訪町立町3304
🕐10:00〜17:00
休水曜、木曜（祝日の場合は営業、冬期は不定期）MAP P110C3

コース 20

【松本・安曇野】

製糸業の歴史遺産をたどって諏訪湖畔の町を歩く

岡谷

おかや

歩く時間 >>>
約1時間

歩く距離 >>>
約3.6km

おすすめ季節 >>>
春🌸(4~5月) 秋🍁(9~11月)

諏訪湖畔に位置する岡谷は、明治、大正、昭和の初めにかけて製糸業が飛躍的に発展し、日本のみならず世界中に「シルクの都」としてその名を響かせた。町なかには日本の近代化をささえた当時の面影を伝える建物があちこちに残されている。在りし日の賑わいを思い描きながら歩きたい。

おさんぽアドバイス

旧林家住宅へは住宅街を歩くので案内板を確認したい。旧岡谷市庁舎からたどる中央通りは、かつて工女で賑わっていた商店街。

半日コース

START 岡谷駅 ▷ ① 旧林家住宅 ▷ ② 旧山一林組製糸事務所 ▷ ③ 旧岡谷市庁舎 ▷ ④ イルフ童画館 ▷ GOAL 岡谷駅

茅野駅から
JR中央本線で
25分
330円

徒歩5分（所要40分）
徒歩20分（所要10分）
徒歩15分（所要10分）
徒歩10分（所要1時間）
徒歩10分

茅野駅へは
JR中央本線で
25分
330円

標高
780m
770m
760m
岡谷駅
① ② ③ ④
スタートから1km 2km 3km
岡谷駅

**かぶしきがいしゃきんじょうまゆそうこ
株式会社金上繭倉庫**

岡谷に残る数少ない繭倉庫。建築年代は明治期と推定され、現在は株式会社金上が譲り受け倉庫として大切に使われている。

**さんれいくようとう
蚕霊供養塔**

照光寺に昭和9年(1934)に建立された供養塔。約3万人からの寄付で犠牲になった蚕の霊を慰め蚕糸業の発展を願って建てられた。

**まるやまたんく
丸山タンク**

製糸工場への給水のために大正3年(1914)に建設された。現在はタンクの台座としていた三重円筒型の巨大なレンガ積が残っている。

山下町

岡谷市役所 ◎

岡谷市役所東

レイクウォーク

銀座

❸ 旧岡谷市庁舎

市役所
蚕糸公園

岡谷病院前
幸町

ここまで
2km

岡谷図書館

岡谷市民病院 ✚

ホテルオークニ

本町

本町

晴山堂茶寮 📱
P117

塚間町

🍴 御うな 小松屋
P117

中央通り

❷

岡谷市

岡谷局 〒

🏨 ビジネスホテル湊屋
🏨 津島神社

本町二・三

本町・中央町

〒
中央町局

ここまで
1km

ここまで
3km

📕 ヌーベル梅林堂
岡谷本店 P117

❷ 旧山一林組製糸事務所

中央町一・二
スポルト岡谷

❹ イルフ童画館

下諏訪駅へ

年金事務所

イルフプラザ

照光寺 卍

ホテルクラウンヒルズ
岡谷

合同庁舎

本町二

中央町

中央本線

十五社神社 🏯

ホテル岡谷 🏨

岡谷美術考古館
丸山橋

本町一

中央町一

駅前

岡谷駅東

岡谷
簡易裁判所

岡谷セントラルホテル

ララオカヤ

GOAL

岡谷駅南

〒

❸

❶ 旧林家住宅

岡谷駅

START

御倉町

天竜町

長野自動車道

塩尻駅へ
辰野駅へ

岡谷JCTへ

釜口橋

丸山橋南

❹

天竜川

A B C

❶ 旧林家住宅
きゅうはやしけじゅうたく

重厚で華やかな雰囲気が楽しめる

岡谷の製糸業発展の基を築いた製糸家、初代林国蔵（一山カ林製糸所）の旧宅。伝統建築が映える主屋、洋式技術を巧みに取り入れた離れは洋館と茶室が一つの棟に造られている。和室や匠の技が込められた欄間彫刻は必見。

☎0266-22-2330
🏠岡谷市御倉町2-20　🕐9:00～16:30（12～2月10:00～15:00）　❌水曜・祝日の翌日
💴580円　MAP P115A4

「幻の金唐革紙」と呼ばれる壁紙が張り巡らされている和室

往時の華やかさを感じさせる西洋装飾に満ちた洋館

山一林組は往時、岡谷第4位の製糸会社だった

岡谷絹工房での機織り体験

❷ 旧山一林組製糸事務所
きゅうやまいちばやしぐみせいしじむしょ

製糸業全盛期をしのぶ数少ない建物

桟瓦葺き、切妻破風、煉瓦タイル張りの2階建ての建物は、大正10年（1921）に建てられた洋風建築の事務所。現在は機織技術の伝承と新たな絹商品の開発にあたる岡谷絹工房として活用されており、岡谷絹を実際に織ることができる機織り体験（要問合せ）も可能。

☎0266-23-4811（岡谷市産業振興部商業観光課）
🏠岡谷市中央町1-13-17見学は外観のみ可能
岡谷絹工房
☎0266-24-2245　🕐火・土・日曜9:00～16:00　MAP P115B3

❸ 旧岡谷市庁舎
きゅうおかやしちょうしゃ

製糸業で発展した糸都岡谷のシンボル

鉄筋コンクリート造2階建て、寄棟、瓦葺、外壁はスクラッチタイル、正面玄関上下の外壁は人造石仕上げで化粧柱をかたどって正面性を演出している。昭和11年（1936）、製糸家の尾澤福太郎に寄贈され、昭和62年（1987）まで市役所として使用された。

☎0266-23-4811（岡谷市産業振興部商業観光課）
🏠岡谷市幸町8-1　見学は外観のみ可能　MAP P115C1

国の有形文化財に登録されている

❹ イルフ童画館
いるふどうがかん

「童画」という言葉を創出した武井武雄

岡谷市出身の武井武雄は「子どもの心にふれる絵」の創造を目指して、大正から昭和にかけて童画、版画、刊本作品、玩具やトランプのデザインなどさまざまな芸術分野で活躍した。毎年、収蔵作品のほかに複数の企画展を実施している。

☎0266-24-3319　🏠岡谷市中央町2-2-1
🕐10:00〜19:00(入館は〜18:30)　📅水曜(祝日の場合は開館)、展覧会準備期間
💴510円　🗾P115C3

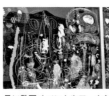
月に数回イベントやワークショップを開催している

3階余技作品室

イルフ童画館外観

おさんぽの途中に! 立ち寄りグルメ&ショップ

御うな 小松屋
おうな こまつや

素材にこだわったうなぎ蒲焼

うなぎは産地にこだわらず、その時期最高品質のうなぎを揃え老舗の味を守っている。御うなまぶし3000円〜。

☎0266-23-0407　🏠岡谷市本町3-10-10
🕐11:00〜14:15、17:00〜20:15(なお、その日用意したうなぎがなくなり次第閉店)　📅火曜、不定休
🗾P115B2

晴山堂茶寮
せいさんどうさりょう

桜湯と共に味わうあわぜんざい

ぜんざいやしるこなどの甘味が味わえる和菓子の老舗。大正14年(1925)創業の店に併設された和風喫茶でいただく、田舎しる粉700円〜、ぜんざい750円〜など。夏期のかき氷も人気。

☎0266-22-3408　🏠岡谷市塚間町1-1-4　🕐12:00〜20:00
📅水曜　🗾P115C2

ヌーベル梅林堂 岡谷本店
ぬーべるばいりんどう おかやほんてん

どこか懐かしく、優しい味わい

うなぎ骨のパウダー入りすわ湖太郎くるみキャラメル(162円)はうなぎの町岡谷ならではの洋菓子。イートインもあり、シルクパウダー入りソフトクリーム(324円)も人気。お菓子作りの様子も見学できる。

☎0266-22-4085　🏠岡谷市中央町1-13-31　🕐10:00〜19:00
📅無休　🗾P115B3

松本★ 下諏訪 小海
塩尻
奈良井 茅野
木曽福島 伊那市 小淵沢
南木曽
中津川 飯田

21

【松本・安曇野】

松本

・まつもと・

●歩く時間 >>> 約**1時間45分**　　●歩く距離 >>> 約**4.8km**

1日コース　START

松本駅

JR篠ノ井線・
大糸線

❶
国宝
旧開智学校校舎
徒歩25分
（所要30分）

❷
長野県宝
松本市旧司祭館
徒歩2分
（所要15分）

❸
国宝
松本城
徒歩10分
（所要40分）

徒歩20分

標高
600m
590m 松本駅
580m
　　　スタートから1km　　　　　　　2km

❶ ❷

歴史ロマンと豊かな自然を感じ
文化香るアルプスの城下町をたどる

自然あふれる松本は名水の町でもある。町なかには、いたるところに名水の湧く井戸がある

五層六階の天守を誇る国宝 松本城は松本のシンボル。天守閣からは市街はもちろん北アルプスの山々も一望できる。中世に信濃国府がおかれ、戦国時代から近世にかけて松本盆地の政治・文化・経済の中心地として発展してきた城下町は、北アルプスや美ヶ原高原に囲まれ、自然環境に恵まれた町でもある。また、千国街道、野麦街道、伊那街道、北国西街道が交差する要衝として発展してきた町なかには、幸いにも戦災を免れたことから土蔵造りの商家や店舗が数多く残り、町を横切る女鳥羽川の南にある「中町通り」には風情あるなまこ壁の蔵造りの店が80軒あまりも軒を連ねている。日本で最も古い小学校のひとつである国宝 旧開智学校校舎をはじめ、現在も文化会館として現役で活躍している旧制松本高等学校の校舎など歴史ある洋風建築物も多く、歩いて楽しめるスポットがたくさんある。

おさんぽアドバイス

城下町松本の道は立ち寄りスポットへの案内板が整備されているので、初めて訪れた人でもわかりやすく、歩きやすい。どこからでも望むことのできる周囲の山々を眺めながら落ち着いた町並みを楽しみたい。

松本

●おすすめ季節 >>> 春🌸(3~5月) 秋🍁(9~11月)

④ 中町通り	⑤ 松本市はかり資料館	⑥ 松本市美術館	⑦ あがたの森公園	GOAL バス停あがたの森公園
	徒歩10分	徒歩20分	徒歩15分	徒歩すぐ
(所要20分)	(所要15分)	(所要60分)	(所要25分)	松本駅へは松本周遊バス・タウンスニーカー東コースで10分 200円

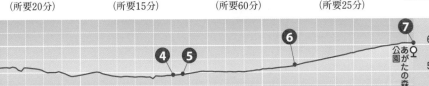

	④ ⑤	⑥	⑦ 公あがたの森園	600m
				590m
3km		4km		580m

松本

広域図はP166へ

N 0　　80m
1:8,000

② 長野県宝 松本市旧司祭館

① 国宝 旧開智学校校舎

ここまで 2km

ここまで 1km

ここまで 3km

カエル大明神
かえるだいみょうじん

女鳥羽川にかつて多く生息していたカエルと、商店街に活気が"かえる"をかけている、ナワテ通りのマスコット。

四柱神社
よはしらじんじゃ

天之御中主神、高皇産霊神、神皇産霊神、天照大神を祭神とし、4柱の神を祀る神社。縁結びにご利益がある。

ナワテ通り
なわてどおり

女鳥羽川沿いにある地元の人や観光客に人気の通り。四柱神社の参道として賑わい、雑貨店やみやげ物店が立ち並ぶ。

③ 国宝 松本城

飯田屋飴店 P125

松本市

松本市時計博物館
まつもとしとけいはくぶつかん

懐中時計から柱時計まで、和洋の古時計を集めた博物館。動いた状態で展示しているのが特徴。（営9:00～17:00 休月曜休み 入館料310円）

ギャラリー灰月 P125

START

松本駅

松本駅前

バスターミナル

ふかし じんじゃ
深志神社
歴代城主にも篤く敬われてきた城下町の鎮護の神。菅原道真公を祀り、昔から「深き志の天神さま」として親しまれている。

❶ 国宝 旧開智学校校舎
こくほう　　　きゅうかいちがっこうこうしゃ

国宝に指定された近代学校建築

明治9年（1876）に竣工した校舎。瓦葺きの木造2階建ての建物は、白い漆喰の外壁と唐破風造の玄関の上に八角形の塔屋を載せた擬洋風建築。昭和38年（1963）に現在地に移築、復元され、2019年には近代学校建築として初めて国宝に指定された。

☎0263-32-5725　🏠松本市開智2-4-12
🕘9:00～17:00（入館は～16:30）　休第3月曜（12～2月は毎週月曜、祝日の場合は翌日）　💴400円　MAP P120C1

（左）質実剛健なアメリカ開拓時代を思わせる質素な外観
（下）暖炉や家具が置かれた室内

窓には舶来ガラスがふんだんに使われている

❷ 長野県宝 松本市旧司祭館
ながのけんぽう　　　まつもとしきゅうしさいかん

アメリカ開拓時代の船大工の技法が残る

旧司祭館は、明治22年（1889）フランス人の神父クレマンによって建築された西洋館。外壁の下見板張りはアーリー・アメリカン様式の特徴を備えた貴重なもの。

☎0263-32-5725（国宝 旧開智学校校舎）🏠松本市開智2-6-24　🕘9:00～17:00（入館は～16:30）　休第3月曜（12～2月は毎週月曜、祝日の場合は翌日）　💴無料　MAP P120C1

時や登城を知らせる太鼓楼がある太鼓門

天守築城のころに築かれた松本城二の丸の正門。明治4年（1871）に取り壊されて以来、石垣だけが残されていたが、1999年に復元された。櫓門と高麗門からなり、門台石垣の上に時や登城を知らせる太鼓楼があったことから太鼓門と呼ばれた。

大きな石組の上に、まだ木肌も新しい門が立つ

風格ある黒門

五層六階の天守を中心に渡櫓、乾小天守、辰巳附櫓、月見櫓を持つ名城

❸ 国宝 松本城
こくほう　まつもとじょう

現存12天守のなかでは唯一の平城

北アルプスの山並みを背景に立つ松本市のシンボル。現存する天守としては、犬山城、彦根城、姫路城、松江城とともに国宝に指定されている。敵の侵入を防ぐ石落や鉄砲狭間などがみどころ。4月中旬は桜に包まれ、5月上旬にボタンが咲く。

春には満開の桜が

☎0263-32-2902
🏠松本市丸の内4-1
🕘8:30～17:00（入場は～16:30）　休無休
💴700円（松本市立博物館と共通）　MAP P120C2

④ 中町通り
なかまちどおり

風情ある土蔵造りの商家が並ぶ

歴史的建造物であるなまこ壁の蔵が連なり、センスのいい民工芸品店が多く集まる通り。酒造業や呉服、塩や肴など街道筋の問屋街として賑わった時代の風情を残している。中町通りは、かつての善光寺街道で武家屋敷と町屋敷を分ける境界線でもあった。

☎0263-36-1421（中町商店街振興組合）
🏠松本市中央3-2-14
MAP P121D3

蔵造りの店舗が立ち並ぶ中町通りは、かつて善光寺詣りの善男善女で賑わった善光寺街道

（左）中町通りの中ほどに立つ中町・蔵シック館
（右）町なかには「まちめぐり案内図」が各所に立つ

松本

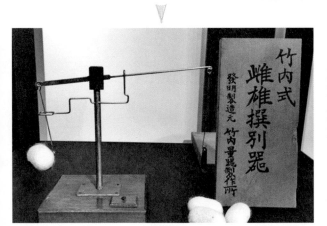

「測る」「量る」「計る」道具と、はかりに関する資料を収蔵している

⑤ 松本市はかり資料館
まつもとしはかりしりょうかん

はかりに見えないユニークな展示物も

明治から昭和末年まで営業を続けた竹内度量衡店から、資料と蔵造りの建物を松本市が譲り受け1989年にオープン。両替天秤や繭の雌雄選別器など120点を展示している。なまこ壁の土蔵と擬洋風建築蔵座敷がある中庭もみどころ。

土蔵を生かした資料館

☎0263-36-1191
🏠松本市中央3-4-21
🕐9:00～17:00（入館は～16:30）休月曜（祝日の場合は翌日）料200円
MAP P121D3

豆知識

松本民芸家具
まつもとみんげいかぐ

和家具の伝統を受け継いだ松本民芸家具

松本のレストランやカフェには、職人が丁寧に作り上げた松本家具に囲まれたシックで落ち着いた店が多い。松本民芸家具と呼ばれる家具は、池田三四郎が松本地方に昔からあった手作りの木工業の復興を民芸によって果たそうという思いから生まれた。大正時代の和家具の伝統を洋家具へと繋いで現在の松本民芸家具が誕生した。

丁寧に仕上げられた家具

❻ 松本市美術館
まつもとしびじゅつかん

草間彌生のオブジェが迎えてくれる

世界的に活躍する松本出身の前衛芸術家・草間彌生、信州の山々を生涯描き続けた洋画家・田村一男、力強く躍動的な表現が特徴の書家・上條信山など松本や信州ゆかりの作家の作品をはじめ、自然や山、音楽にちなんだ作品を常設展示している。

☎0263-39-7400　住松本市中央4-2-22
時9:00〜17:00(入場は〜16:30)　休月曜(祝日の場合は翌平日)　料410円(企画展は別途)　MAPP121E4

美術館正面エントランスでは
草間彌生のオブジェ『幻の華』(2002年)が迎えてくれる

美術館中庭の「市民創造ひろば」に松本讃歌の像が立つ

▶歩きたい 散 歩 道

信濃の国第一の名水と謳われた「源智の井戸」

城下町松本は、地下水が豊富で井戸や湧水が数多くみられる。環境省による「平成の名水百選」にも「まつもと城下町湧水群」が選定されたが、なかでも昔から名水としても名高い「源智の井戸」(MAPP121D3)は、城下町ができる以前から飲用水として利用されてきたという。蔵造りの店が立ち並ぶ中町通りから一筋北に入った一帯を歩くと、湧水から流れ出た小川が涼しげに流れている。

木造2階建ての旧松高校舎は「あがたの森文化会館」として現役で活用されている

❼ あがたの森公園
あがたのもりこうえん

旧制高等学校の自由闊達な校風を感じる

大正8年(1919)に創立した旧制松本高等学校跡地を利用した公園。「松高」の名で知られ、学校からは多くの人材が巣立った。文学界では臼井吉見、辻邦夫も卒業生。北杜夫の『どくとるマンボウ青春記』には、彼の松高時代が描かれている。

旧松高の校長室も再現

☎0263-34-3254(松本市公園緑地課)、0263-32-1812(あがたの森文化会館)　住松本市県3-1-1　時休料入園自由　MAPP121F4

立ち寄りグルメ＆ショップ

木曽屋
きそや

香ばしく素朴な味わいの味噌田楽

明治20年（1887）創業の老舗の食事処。民芸家具を配した落ち着いた雰囲気のなかで食事が楽しめる。名物の味噌田楽は木綿豆腐に甘辛味噌をつけて焼き上げたもの、田楽定食（1000円）。

☎0263-32-0528
🏠松本市大手4-6-26
🕐11:30～14:30、17:00～21:00（20:00LO）
休火曜
MAP P121D3

ギャルリ灰月
ぎゃるりかいげつ

シンプルでセンスある雑貨が揃う

県内外の作家が手がけた陶器、木工、ガラス、布などさまざまな素材の作品を取り扱うセレクトショップ。ワンランク上の生活雑貨が揃い、オリジナルグッズも並ぶ。

☎0263-38-0022
🏠松本市中央2-2-6 2階
🕐11:00～18:00（3～12月の金・土曜は～19時）
休水曜（祝日の場合は営業）
MAP P120C3

萬年屋
まんねんや

城下町の老舗、古式味噌蔵元

天保3年（1832）創業の老舗。1000年以上前の製法を継承し、機械化せず手間と時間をかけて造る古式味噌が人気。蔵にすみついた菌が豊かなチーズ風味の味噌（200g270円～）を作りあげている。

☎0263-32-1044
🏠松本市城東2-1-22
🕐9:00～17:00
休日曜
MAP P121D2

石井味噌
いしいみそ

杉桶が林立する昔ながらの天然醸造の味噌蔵

信州味噌の最高峰「信州三年味噌」の蔵元。慶応4年（1868）に創業以来、本物の味を販売。3年熟成の赤味噌（300g1080円）、和風イタリアンソース三年味噌バーニャカウダ（820円）。

☎0263-32-0534
🏠松本市埋橋1-8-1
🕐8:00～17:00
休無休
MAP P121E4

珈琲まるも
こーひーまるも

民芸家具のインテリアが並ぶレトロカフェ

松本民芸家具の創設者・池田三四郎が、昭和31年（1957）に改装し喫茶店兼旅館として開業。散歩の休憩に最適で、苦味と酸味のバランスがほどよい、ブレンドコーヒー（550円）が人気。

☎0263-32-0115
🏠松本市中央3-3-10
🕐9:00～16:00
休無休
MAP P121D3

飯田屋飴店
いいだやあめてん

飴づくり200余年の老舗

松本地方には1月から2月にかけて「あめ市」というお祭りが各地で盛大に催されている。手作りの技を大切にする飴づくり老舗の味は、あめせんべい（1袋486円）、まめいた（1袋648円）。

☎0263-32-1983
🏠松本市大手2-4-2
🕐9:00～18:00
休不定休
MAP P120B3

松本

道祖神がほほえむ
千国街道の宿場町を歩く

[松本・安曇野]

コース 22

穂高
・ほたか・

● 歩く時間 >>>
約1時間40分

● 歩く距離 >>>
約6.7km

● おすすめ季節 >>>
春🌸 夏🍃 秋🍁 (4〜10月)

か つて塩の道と呼ばれた
千国街道の宿場町とし
て、また、豊かな湧水に育
てられたワサビや天蚕(てんさん)で栄
えた穂高。安曇野の拠点、
穂高の旧市街には古民家や
土蔵、数えきれない道祖神
が点在し、周辺の山麓や森
のなかには特徴ある美術館
がある。町の繁栄を願って
立つ道祖神をたどりながら
ゆったりと歩いてみたい。

(おさんぽアドバイス)

曲がり角では案内板や地図を確
認したい。見晴らしのいい田ん
ぼのなかの道でも思わぬところ
に出ることもある。

1日コース

START 穂高駅 ≫ ① 穂髙神社 ≫ ② 吉祥山東光寺 ≫ ③ 大王わさび農場 ≫ ④ 碌山美術館 ≫ GOAL 穂高駅

松本駅から
JR大糸線で
26分
330円

徒歩
7分
（所要30分）

徒歩
15分
（所要20分）

徒歩
18分
（所要40分）

徒歩
45分
（所要60分）

徒歩
15分

松本駅へは
JR大糸線で
26分
330円

標高
540m
530m
520m
510m

穂高駅 ① ② ③ ④ 穂高駅

スタートから2km　　4km　　6km

2008年12月にヒノキやケヤキをふんだんに使い、127年ぶりに建て替えられた拝殿

❶ 穂高神社
ほたかじんじゃ

平安時代から国史に登場する古社

杉木立に囲まれた本殿、拝殿が立つ境内には荘厳な雰囲気が漂う。祭神は古代北九州で栄え、7世紀ごろ安曇野に移り住んだといわれる安曇族の祖神の穂高見命。秋の御船祭は穂高人形を飾った船形の山車で賑わう。奥宮は上高地明神池湖畔にある。

穂高神社は古代北九州より移り住んだ安曇族の祖神「海神」を祀っている

☎0263-82-2003
🏠安曇野市穂高6079
🕐🈺境内自由
MAP P128A2

❷ 吉祥山 東光寺
きちじょうざん とうこうじ

願いを叶える仁王様の下駄

山門の前にある「仁王様の下駄」で有名な寺。仁王様に願いをこめて下駄を履くと成就するといわれ、記念撮影を楽しむ観光客も多い。本堂の裏には、幸福の鍵にふれると、幸福をつかむことができる「御戒壇めぐり」がある。

☎0263-82-2056 🏠安曇野市穂高2721 🕐🈺境内自由 MAP P128C2

御本尊として鎌倉時代の馬頭観世音菩薩が祀られている

穂
高

おさんぽの途中に！　立ち寄りグルメ＆ショップ

🍜 麺元 田舎家
めんもと いなかや

懐かしい田舎そば好きにはピッタリ

信州産、全粒粉にこだわる石挽きそばが絶品。手打ちうどんもあり、民芸調の落ち着いた店内で、ゆっくりいただける。田舎家煮込みうどん1400円、もりそば880円。

☎0263-82-6928
🏠安曇野市穂高5968-2
🕐11:00～17:00
🈺不定休 MAP P128A2

🍛 安曇野スープカレー ハンジロー
あづみのすーぷかれー はんじろー

地元で人気のスープカレー専門店

清流の街、安曇野の地下天然水を使用し、12時間以上かけて煮込んだスープカレーが人気。安曇野放牧豚を使用した、骨付きチキンと彩り野菜のスープカレー1800円。

☎0263-82-0688 🏠安曇野市穂高4857-1 🕐11:00～15:00、17:30～22:00（HP要確認）🈺日曜、水・木曜のディナー※月・火曜はテイクアウトのみ MAP P128B1

🛍 丸山菓子舗
まるやまかしほ

明治創業の安曇野和洋菓子専門店

安曇野の素材や文化を和菓子に綴る菓子店。厳選された素材と旬を大切に伝統の技で作られた菓子はどれも上品な味。あんころ柿（1個324円）、あづみの花恋（1個140円）など。

☎0263-82-2203
🏠安曇野市穂高4537
🕐9:00～18:30
🈺水曜 MAP P128A1

穂高

広域図は P166へ

N 0 100m
1:13,000

↑信濃大町駅へ 常盤町

安曇野スープカレー バンジロー P127

穂高川

ここまで **5km**

4 碌山美術館

穂高署

穂高東中 穂高東中

ここまで **6km**

穂高局

穂高公園

あづみ野コンサートホール

安曇野市

碌山公園

丸山菓子舗 P127

町尻公園

安曇野創造館

穂高東中南

穂高病院

GOAL

穂高駅

穂高駅前

START

安曇野市観光案内所

麺元 田舎家 P127

駅前通り

井口喜源治記念館

穂高駅入口

ここまで **1km**

2 吉祥山 東光寺

1 穂高神社

穂高支所

穂高

そうしゅん ふ の かひ
早春賦の歌碑

「春は名のみの風の寒さや」で始まる早春賦の歌。大正初期に作詞家・吉丸一昌が安曇野をイメージして歌詞が生まれたという。

大糸線

穂高商高

147

穂高ショッピングセンターアミー

ケーヨーデイツー

白金横断歩道橋

↓松本駅へ

---

3 大王わさび農場
だいおうわさびのうじょう

清冽な水をたたえる広大な農場

湧水は環境庁の「日本名水百選」に認定。黒澤明監督の『夢』のロケ地にもなり、当時の水車小屋は、今もこの風景に溶け込んでいる。場内には散策路があり、売店や食事処が設けられている。人気は本わさびソフトクリーム（390円）。

☎ 0263-82-2118　⊕ 安曇野市穂高3640
⊕ 9:00〜17:20（季節変動あり）　⊛ 無休
⊛ 無料　MAP P129E2

体験工房では、農場で収穫されたわさびを使うわさび漬を体験することができる。作ったわさび漬は持ち帰ることができる

15haの面積を誇る農場には「わさび田の小道」などの散策路が整備されている

D **E**

穂高北穂高

みずいろ の とき どう そ じん
水色の時道祖神

連続テレビ小説『水色の時』のロケ記念として造られた。穏やかにほほえみかける2つの双体道祖神が大切に守られている。

ここまで **4km**

①

③ 大王わさび農場

ここまで **3km**

こまで **2km**

御法田

安曇野わさび街道

万水川

あづみの乗馬苑 **②**

豊科南穂高

D **E**

穂 高

豆知識

道端で
ほほえみをたたえる
安曇野の道祖神

安曇野は道祖神の宝庫。道祖神は村の守り神として、道の辻、三叉路などに立っている。五穀豊穣、無病息災、子孫繁栄を祈願する最も身近な神様として、作り手の独特な知性とユーモアで独創的な姿に造り上げられているのが面白い。道にたたずむ道祖神の姿はさまざまで、男女が遠慮がちに寄り添って立つもの、何気なく手を握るもの、堂々と腕を組むもの、ぐっと抱きしめるものなどいろいろだ。道祖神と同じところには庚申塔、二十三夜塔が一緒に祀られている。

『女』
明治43年（1910年）・荻原守衛

教会風の蔦のからまる碌山館は安曇野の象徴的存在。日本近代彫刻の扉を開いた荻原守衛（碌山）の作品をはじめとして、碌山と交友のあった高村光太郎、戸張孤雁などの作品も鑑賞できる

おぎはらもりえ

④ 碌山美術館
ろくざんびじゅつかん

日本近代彫刻の扉を開いた荻原守衛

荻原守衛（碌山）のすべての彫刻や絵画を収蔵する美術館。ロダンの彫刻に強い影響を受けた碌山は、生命感あふれる作風で日本近代彫刻の扉を開いた。キリスト教精神に生き、1910年に30歳で夭折した碌山を偲び建てられた美術館は教会風レンガ造り。

☎0263-82-2094　🏠安曇野市穂高5095-1
🕐9:00〜17:10（11〜2月は〜16:10、最終入館は閉館30分前）　🚫月曜、祝日の翌日（5〜10月は無休）
💰700円　**MAP**P128A1

コース **23**

「松本・安曇野」

田園とアルプスが織りなす絶景に思わずたたずんでしまう道をたどる

安曇野松川
·あづみのまつかわ·

● 歩く時間 >>>
約**1時間40分**

● 歩く距離 >>>
約**5.7km**

● おすすめ季節 >>>
春🌸 夏🍃 秋🍁 (4~10月)

有明山の麓、松川村には、北アルプスを望む豊かな田園風景が広がる。点在する屋敷林の先には残雪の山並みが望め、春になると田んぼの水鏡に山々が映り、夏は新緑の稲が風にそよぐ。山が錦繡に染まると、里は黄金色の絨毯一色になる。餓鬼岳（がきだけ）を源流とする乳川（ちがわ）の土手には、いわさきちひろのスケッチポイントもある。

　　おさんぽアドバイス

田園風景を歩く松川歩きのトイレは信濃松川駅と主な施設を利用したい。細野駅まで足をのばすと約1.2kmの歩きとなる。

1日コース START	① 安曇野ちひろ美術館	② 有明山社	③ 舟方遊歩道	④ おかめ様（鈿女神社）	GOAL
信濃松川駅					北細野駅

信濃松川駅
松本駅からJR大糸線で43分510円

徒歩35分

① 安曇野ちひろ美術館
(所要60分)

徒歩7分

② 有明山社
(所要20分)

徒歩20分

③ 舟方遊歩道
(所要30分)

徒歩25分

④ おかめ様（鈿女神社）
(所要20分)

徒歩10分

北細野駅
松本駅へはJR大糸線で39分510円

標高
610m
600m
590m
580m

信濃松川駅
北細野駅

スタートから1km　2km　3km　4km　5km

130

道祖神
（どうそじん）

村歩きで出会う道祖神や大黒天。その素朴な石仏は旅人の道案内をしてくれるかのように、静かに道端にたたずんでいる。

安曇野松川

START

広域図は
P166へ。

1:18,000

0   150m

鈴虫のモニュメント
（すずむしのもにゅめんと）

8月の下旬になると松川の里山は鈴虫の軽やかな調べに満ちる。村内には至る所に鈴虫のイラストなどがある。

絵本カフェ P133

❶ 安曇野ちひろ美術館

有明山社

Radice
SUZUNE
P133

トットちゃん広場
（とっとちゃんひろば）

安曇野ちひろ公園の北側には『窓ぎわのトットちゃん』（黒柳徹子・著）にちなんだトモエ学園の電車の教室が再現されている。

ここまで 1km

ここまで 3km

ここまで 4km

ここまで 5km

❸ 舟方遊歩道

GOAL

北細野駅

駅入口

❹ おかめ様（鈿女神社）

道の駅 寄って停まつかわ
P133

細野駅

信濃松川駅

松川村

信濃松川美術館

コメリハード＆グリーン

あづみの市場

松川村役場

松川中央公園

矢淵

濁橋

西原

松川神社

大門橋

すずし荘

神戸橋

大糸線

糸魚川街道

安曇野アートライン

安曇野スケッチロード

舟方遊歩道

大泉寺橋

神戸

芦間川

芦間橋

ちひろのスケッチポイント

細野橋

細野橋西

高瀬川大橋

高瀬川大橋西

三軒家

グリーンワーク
まつかわ

北アルプスパノラマロード

高瀬川

一貫水路

信濃大町駅へ

穂高駅へ

① 安曇野ちひろ美術館
あずみのちひろびじゅつかん

世界最大規模の絵本美術館

子どもを生涯のテーマとして描き続けた絵本画家・いわさきちひろと世界の絵本画家の作品や資料を5つの展示室で紹介。季節に合わせて展示を替えている。木のぬくもりが感じられ、ゆったりとした館内には、飲み物や軽食が楽しめるカフェもある。

©KODANSHA
雄大な自然のなかにたたずむ安曇野ちひろ美術館。四季折々の美しい風景に出合える

☎0261-62-0772　⯧松川村西原3358-24　⏰9:00〜17:00（GW・8月は〜18:00）　休第4水曜（GW・8月は無休）、12月〜2月末　料900円　MAP P131A2

景色を楽しみながら時間を過ごせる

歩きたい散歩道

ちひろのスケッチポイントを歩く

いわさきちひろに縁のある安曇野・松川村には、ちひろのスケッチポイント4カ所をめぐるコースが整備されている。各ポイントには作品の解説が掲示されているので絵と風景を比べてみることができる。安曇野の景色から感じるさまざまな色や松川村の魅力をお一層満喫できる。細野橋（MAP131B4）に向かうと有明山を題材にした『神戸原』、乳川を細野駅から乳川を細野駅から乳川を細野より有明山を望む『』のスケッチポイントがある。

細野橋そばのスケッチポイント

寛政2年（1790）に、この宮を里宮とする奥宮が有明山頂に建立されたという

② 有明山社
ありあけさんしゃ

御神木に歴史を感じる古社

信濃富士とも呼ばれる標高2268mの有明山を遥拝する場所に立つ神社。歴史は古く大同2年（807）、坂上田村麻呂が八面大王を征伐したとき、武運長久を祈願し宝剣を奉納したことが江戸時代、松本藩編纂による『信府統記』に記されている。

杉木立の奥に鎮座する社殿

☎0261-62-3109（松川村経済課）　⯧松川村3376　料休境内自由　MAP P131A2

❸ 舟方遊歩道
ふなかたゆうほどう

四季を感じる懐かしい土手の道

乳川沿いを進む堤防道路。安曇野の原風景が目の前に広がる遊歩道には、昔、京の都から落ち延びてきたお姫様が松川村のこの道を気に入り、散策されたという逸話が伝えられる。

☎0261-62-3109(松川村経済課) ⊕松川村細野地区 ⊕㉞⑲散策自由(大門橋〜細野橋まで続く遊歩道は所要約30分、細野橋〜北細野駅は約15分) 𝐌𝐀𝐏P131B3

細野駅から乳川を上流に向かって歩くと残雪のアルプスが正面に広がる

土手の道は、有明山やアルプスの山々を楽しみながら歩きたい

❹ おかめ様（鈿女神社）
おかめさま（うずめじんじゃ）

商売・芸能・恋愛の神様

地元では「おかめ様」と親しまれ、舞踊や音曲、恋愛、商売の神様として昭和の初期には多くの参拝者で賑わった。現在の北細野駅は、開業当時は多くの参拝者のために「おかめまえ駅」という駅名だった。神社入口に架かる石橋の心清橋もみどころ。

こぢんまりとしたたたずまいの鈿女神社本殿

☎0261-62-3109(松川村経済課) ⊕松川村6695-1 ⊕㉞⑲境内自由 𝐌𝐀𝐏P131B3

おさんぽの途中に！

立ち寄りグルメ＆ショップ

🍴 絵本カフェ
えほんかふぇ

お気に入りの絵本と過ごす

安曇野ちひろ美術館内のカフェ。テラス席もあり、北アルプスを眺めながら飲み物や軽食が楽しめる。ちひろの愛したいちごのババロア572円。

☎0261-62-0772(安曇野ちひろ美術館) ⊕松川村西原3358-24 ⊕9:30〜16:00 ㉞第4水曜(GW・8月は無休)、12月〜2月末 ⑲別途、美術館入館料900円 𝐌𝐀𝐏P131A2

● Radice SUZUNE
らでぃーちぇ すずね

「すずむし荘」のパスタレストラン

すずむし荘内のパスタランチのお店。1580円〜のコース料理で、鮮やかなサラダから見た目も素敵なデザートまでをゆったりとした空間で楽しむことができる。

☎0261-62-0223 ⊕松川村3363-1082 ⊕11:00〜14:30(14:00LO) ㉞木曜(祝日は営業) 𝐌𝐀𝐏P131A3

🛍●🍴 道の駅 寄って停まつかわ
みちのえき よってていまつかわ

松川の名産を買うならココ

北アルプスを一望できる北アルプスパノラマロード沿いの道の駅。特産物販売所では、地元の名産や安曇野各町村の商品も揃う。レストランも併設しているので、休憩にぴったり。

☎0261-61-1200 ⊕松川村5375-1 ⊕売店9:00〜18:00、レストラン9:00〜18:00(17:40LO) ㉞無休 𝐌𝐀𝐏P131C4

信州の鉄道&車窓の名景⋯⋯

南、中央、そして北。アルプス展望路線から、
"日本の屋根"を次々と眺めよう。

特急あずさ号・かいじ号の車両は白ベースに伝統の紫色を受け継いだ「あずさバイオレット」のラインが印象的（新府駅～穴山駅間）

本州内陸を横切る中央本線 山岳展望が目白押し

東京駅から名古屋駅まで396.9kmを結ぶ中央本線。沿線には旧甲州街道、旧中山道の宿場町などの名残が点在する。本州内陸の山間部を横切る幹線だけに、左右に見える山は数え上げればきりがないほど。長野県内に入るとまず八ヶ岳、続いて甲斐駒ヶ岳をはじめとする南アルプスがそびえ、岳都・松本が近づけば北アルプスの盟主穂高岳、常念岳などを望む。松本以西でも空木岳などの中央アルプス、南アルプスの展望が続き、飽きることがない。

立場川を渡る中央本線。近くに明治時代の遺構、旧立場川橋梁もある（信濃境駅～富士見駅間）

❖ 八ヶ岳 やつがたけ

■名景MEMO■

長野県と山梨県の境にある、南北約30kmの山塊。八ヶ岳というピークはない。夏沢峠を境として、北八ヶ岳は蓼科山2530mをはじめとし、樹林や湖沼が多くなだらかな地形。最高峰の赤岳2899mなどが連なる南八ヶ岳は、岩場も多く険しい山容を見せる。

大糸線ののどかな車窓に開ける 北アルプスのパノラマビュー

松本駅から新潟県の糸魚川駅に至る大糸線105.4km。日本の屋根ともいわれる北アルプスの東麓に沿うように北上する。松本を出ると、信濃大町付近まではカーブやアップダウンが少ないため、広く開けた展望が爽快。常念山脈の山々をバックにのどかな田園風景が続き、その奥に時おり穂高岳（奥穂高岳）3190mも頭を出す。現在使われている車両は、観光客に配慮し、西のアルプス側はボックスシート、東側がロングシートという設計。

常念岳へと続く北アルプスの山々をバックに走る特急あずさ

道祖神がたたずむ田園をゆく大糸線（安曇沓掛駅～信濃常盤駅間）

❖ 常念岳 じょうねんだけ

■名景MEMO■

大糸線穂高駅から行く中房温泉を北の起点に、燕岳～大天井岳～常念岳～蝶ヶ岳と連なる常念山脈の主峰。2857m。端整な山容で人気が高い。特に松本市内から豊科付近では、常念岳と、東の手前にある前常念岳が重なり、形のよいピラミッド型に見える。

［信州］
木曽・伊那

中山道の面影を色濃く残す木曽路や
伊那路の城下町・高遠、飯田を訪ねる

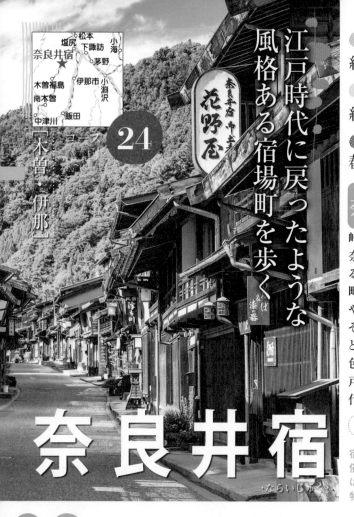

コース 24

【木曽・伊那】

奈良井宿
（ならいじゅく）

江戸時代に戻ったような風格ある宿場町を歩く

奈良井宿 中寺 花野屋

松本
塩尻　下諏訪　小海
奈良井宿 ★　茅野
　　　　伊那市　小淵沢
木曽福島
南木曽　　　飯田
中津川

● 歩く時間 >>>
約**1**時間**20**分

● 歩く距離 >>>
約**2.5**km

● おすすめ季節 >>>
春 🌸（4~5月）秋 🍁（9~10月）

奈良井宿は木曽路十一宿の最初の宿場町。鳥居峠の上り口にある鎮神社から奈良井川沿いを緩やかに下る約1kmに日本最長の宿場町が続く。軒行燈のある旅籠や千本格子の家々が連なり、その賑わいは「奈良井千軒」と謳われた。街道時代の趣を色濃く残す宿場には、今も江戸時代の雰囲気が残り、時代を超えた風格がある。

〔 おさんぽアドバイス 〕

宿場は奈良井駅から楢川歴史民俗資料館まで一本道。迷う心配はないので一軒一軒、趣ある建物を楽しみながら歩きたい。

半日コース **START** 奈良井駅 ≫ ❶ 大宝寺 ≫ ❷ 上問屋史料館 ≫ ❸ 中村邸 ≫ ❹ 楢川歴史民俗資料館 ≫ **GOAL** 奈良井駅

奈良井駅	大宝寺	上問屋史料館	中村邸	楢川歴史民俗資料館	奈良井駅
塩尻駅からJR中央本線で23分420円	徒歩15分	徒歩7分	徒歩7分	徒歩10分	徒歩40分／塩尻駅へはJR中央本線で23分420円
	（所要20分）	（所要20分）	（所要25分）	（所要25分）	

標高
960m
950m ❶ ❷❸
940m
930m

奈良井駅

奈良井駅

スタートから1km　　　　2km

塩尻駅へ

1

START
GOAL

P

奈良井駅

塩尻市

奈良井駅

専念寺

奈良井宿の碑

P

奈良井宿橋

奈良井

奈良井宿

マキヤ橋

2

みずば
水場

鳥居峠を行く人、来る人
の渇きを癒やしてきた水
場。宿場の水場は、旅人
と地域住民の憩いの場で
もある。

茶房こでまり
P139

旧中山道

旅館
あぶら屋

奈良井木曽の大橋

ここまで
2km

越後屋食堂
P139

下町
マルカ小路

水辺のふるさと
ふれあい広場

P

宮川漆器店
P139

法然寺

杉の森酒造

中央本線

奈良井宿

1 大宝寺

奈良井局 〒

神明宮

2 上問屋史料館

長泉寺

奈良井会館

御宿伊勢屋

奈良井宿
観光案内所

おちごや

大渡橋

奈良井川

中央橋

19

きそのおおはし
木曽の大橋

美しい総檜造りの太鼓橋
は橋脚を持たない橋とし
ては日本有数の大きさ。
日没後にライトアップさ
れた姿は幻想的。

浄龍寺

3 中村邸

中村邸

天照沢橋

3

ここまで
1km

奈良井宿
民芸会館

権兵衛橋

権兵衛橋

奈良井

しずめじんじゃ
鎮神社

奈良井宿に疫病が流行っ
た際、これを鎮めるため
に下総の香取神社からご
神体を迎え鎮めたという。
8月の例祭で知られる。

4 楢川歴史民俗資料館

4

A　　　　　　　B　　　　　　　C

臨済宗妙心寺派広伝山。およそ400年前の天正10年（1582）に建立された

破壊された
マリア地蔵

● 隠れキリシタンの像
かくれきりしたんのぞう
大宝寺の境内にある「マリア地蔵」は、子育て地蔵の名を借りて祀られているが、頭がないその姿には、隠れキリシタンの悲しい歴史が刻まれている。キリシタン禁制の江戸時代にマリア像に抱かれていた子どもも膝も頭部も無残に破壊され、わずかに胸にかけられた十字架だけが残っている。

❶ 大宝寺
だいほうじ

わずかに胸の十字架だけが残るマリア像

信州木曽霊場・七福神めぐりの寺でもあり、境内には隠れキリシタンにかかわる像とされる首のない有名なマリア地蔵尊がある。また、裏庭は享保年間（1716〜1736）に造られた嵯峨流の庭園。

寿老人の霊場寺でもある

☎0264-34-3147　⑬塩尻市奈良井423　⑮8:00〜16:00
㉺不定休　㉘100円
MAP P137B2

歴史を学ぶ

奈良井宿と藪原宿を結ぶ鳥居峠

中山道木曽路最大の難所とされた「鳥居峠」は、美濃国と信濃国の境である。峠コースは信濃路自然歩道中山道ルートとして石畳の道も復元され、昔ながらの中山道を堪能することができる。標高1197ｍの峠越えの名前は、明応年間（1492〜1500）の戦いで木曾義元がこの頂上に鳥居を立て、御嶽権現に戦勝を祈願したことから「鳥居峠」と呼ばれるようになった。☎026-34-3160（奈良井宿観光案内所）

「伝馬」の人馬を管理する上問屋であった旧手塚家住宅

❷ 上問屋史料館
かみといやしりょうかん

古文書・陶器・漆器など400点余りを展示

奈良井宿の上問屋は慶長年間（1596〜1615）から明治維新までのおよそ270年間継続して問屋を務めた。その永い間に残された古文書や日常生活に使用した諸道具等を展示したのがこの史料館。国の重要文化財に指定されている。

☎0264-34-3101
⑬塩尻市奈良井379
⑮10:00〜17:00（3・11月は〜16:00）　㉺不定休、12〜2月
㉘300円
MAP P137B3

櫛問屋を営んだ当時の風情をよく残している

❸ 中村邸
なかむらてい

奈良井宿の典型的な町屋様式

櫛問屋を営んだ中村家の住居で、出梁造り、蔀戸、鎧庇、猿頭など奈良井宿の町屋の特徴をよく残している。奈良井宿保存のきっかけともなった貴重な建物で、国の有形文化財に指定されている。建物の2階では当時の漆櫛や資料も展示されている。

館内には塗り櫛に関する資料を展示

☎0264-34-2655　⊕塩尻市奈良井311　⊕9:00～17:00(12～3月9:00～16:00、最終入館は閉館の30分前)　⊛無休、12～3月は月曜・祝日の翌日(月曜が祝日の場合、その翌日)　⊛300円　MAP P137A3

❹ 楢川歴史民俗資料館
ならかわれきしみんぞくしりょうかん

木曽谷の暮らしを知る民俗資料館

資料館には木曽谷の貴重な民俗資料が保存されている。民家を再現した1階には当時の生活道具が置かれ、昔の人々の暮らしを垣間見ることができる。2階には、江戸時代からの地場産業の曲物製品や道具類などを展示している。

☎0264-34-2654　⊕塩尻市奈良井68　⊕9:00～16:00(最終入館15:30)　⊛12～3月は冬期休館、月曜(祝日の場合は翌日)、国民の祝日の翌日、年末年始、その他臨時休館あり　⊛300円　MAP P137A4

木曽谷の生活を偲ぶ数々の品物が

奈
良
井
宿

おさんぽの途中に！　立ち寄りグルメ＆ショップ

🍜 越後屋食堂
えちごやしょくどう

地粉の手打ちそば・五平餅に舌鼓

豪華さよりは素朴さに徹した郷土の美味が味わえる食事処。ざるそば2枚に五平餅と、山菜、煮物が付いた越後屋定食(1650円)、一人前2枚のざるそば(1100円)、特製五平餅(3個350円)。

☎0264-34-3048　⊕塩尻市奈良井666-1　⊕10:00～16:00　⊛不定休　MAP P137B2

☕ 茶房こでまり
さぼうこでまり

自家製の漆器でケーキを

漆器工房で味わうケーキや朴葉餅が好評。地元の原料を使ったお菓子などを漆器職人の店主が作った器で提供。オレンジチーズケーキ(460円)、リンツァートルテ(460円)、ガトーショコラ(460円)。

☎0264-34-3072　⊕塩尻市奈良井721　⊕夏期9:00～18:00、冬期10:00～17:00　⊛火曜、不定休　MAP P137B2

🛍 宮川漆器店
みやがわしっきてん

手作りの漆塗おはしの専門店

店主自ら仕上げた手作り箸を主に販売し、永く使いやすい商品が揃う。人気は4歳児から大人まで身長に合わせて長さや、太さを5段階に調整したボタン模様のボタン箸(840円)、本漆塗箸(840円)。

☎0264-36-2133　⊕塩尻市奈良井536　⊕10:00～17:00　⊛不定休、12～2月　MAP P137B3

中山道

コース **25**

袖卯建と千本格子と
四大関所の宿場を歩く

「木曽・伊那」

木曽福島
きそふくしま

松本 小海
塩尻 下諏訪
奈良井 茅野
伊那市 小淵沢
木曽福島
南木曽
中津川 飯田

● **歩く時間** >>>
約**1**時間

● **歩く距離** >>>
約**4.1km**

● **おすすめ季節** >>>
春🌸(4~5月)秋🍁(9~10月)

木曽谷の中央に位置する木曽福島にはかつて厳しい関所が置かれ、同時に霊峰・御嶽への玄関口としても賑わった。日本アルプスの父、ウォルター・ウエストンは「絵のように美しい村」と称え、現在「日本で最も美しい村」のひとつに木曽町が認定されている。入り組んだ街道を抜け、木曽川沿いの名所をつなぐ歴史散歩に出かけよう。

〔 おさんぽアドバイス 〕

上の段入口の信号の先がカーブしているため車の通行が見づらいので、駅から下ったらあらかじめ左側を歩くようにしよう。

半日コース START | 木曽福島駅 | ❶ 上の段町並み | ❷ 福島関所資料館 | ❸ 興禅寺 | ❹ 山村代官屋敷 | GOAL 木曽福島駅

塩尻駅から
JR中央本線
特急で27分
1430円
(普通列車で
52分
770円)

徒歩10分 (所要15分)

徒歩10分 (所要20分)

徒歩5分 (所要30分)

徒歩10分 (所要20分)

徒歩20分

松本駅へは
JR中央本線
特急で40分
2190円
(普通列車で
1時間15分
990円)

標高
780m
770m
760m
750m
740m

木曽福島駅 ❶ ❷ ❸ ❹ 福島駅 木曽福島駅

スタートから1km　　2km　　3km　　4km

崖家造
がけやづくり

河畔に立ち並ぶ崖家造は木曽福島特有の景観。親水公園から川岸へ下りて「新水歩道」を歩くこともできる。

木曽義仲の墓
きそよしなかのはか

興禅寺境内の奥に樹林に覆われてたたずむ墓所。宮ノ越の徳音寺にもあり、ここには巴御前に託した遺髪が納められている。

木曽福島
広域図はP172へ
N　0　　100m
1:9,000

❶

木曽川親水公園足湯
きそがわしんすいこうえんあしゆ

行人橋歩道の脇に設けられた足湯。木曽川の川風に吹かれながら、散歩の疲れを癒やそう。24時間開放されている。

❹ 山村代官屋敷

❸ 興禅寺

福島小

木曽福島郷土館

ここまで 3km

ここまで 2km

大手橋

木曽郷土館

代官屋敷前

文化交流センター

鍵旅館

おん宿蔦屋

高札場

ここまで 1km

広小路プラザ

木曽町文化交流センタ

中央橋

高瀬家資料館

福島関所跡

権現神社

上町

稲荷神社

関山公園

❷ 福島関所資料館

大通寺

中央本線

鳥鏡 P143

森富旅館

行人橋

行人橋

よし彦

中八澤橋

漆の館林藤

❶ 上の段町並み

中八沢橋

八沢

くるまや本店 P143

芳香堂 P143

中善酒造店

イオン

木曽青峰高

山みず季URARA
つたや

中島

木曽おんたけ観光局

木曽福島局

中山道

19

木曽町

ここまで 4km

木曽福島駅前

木曽福島駅

START

GOAL

福島

曽町役場

万郡

中津川駅へ

塩尻駅へ

②

伊谷

③

④

❶ 上の段町並み

うえのだんまちなみ

江戸情緒が伝わる町並み

その名のとおり町の高台にあり、「桝形」に入り組んだ道の造りで敵の進入を防ぐ往時の姿がそのまま残されている。また19代義昌の居城「上之段城」の城跡でもあり、当時からの小路が現在も四方に通っている。袖卯建と千本格子、なまこ壁の土蔵が続く通りで江戸の雰囲気を満喫しよう。

☎0264-22-4000（木曽おんたけ観光局）　住木曽町福島上の段　時休料自由　MAPP141A3

水場からの風が心地いい　馬宿小路の行灯

19代義昌の居住地跡に立つ大通寺へと続く寺門前小路

歴史を学ぶ

信仰の山・御嶽

おんたけ

御嶽にはかつて関所同様に入山規制が施かれ、代官所も取り締まりに携わった。貧しい生活のなかで飢饉も重なり、木曽谷から眺めることができない神聖な山への登拝が渇望された。激しい闘争の末、江戸中期に開山され全国に広まった。標高3000mを誇る山岳信仰の聖地は老若男女が安心して登れる山として現在も独特な信仰の姿が引き継がれている。

開田高原から眺めた御嶽

復元された関所の西門（右）と資料館

❷ 福島関所資料館

ふくしませきしょしりょうかん

復元された関所跡

上番所も見学できる

江戸と京都を結ぶ中山道の福島関所は碓氷、箱根、新居と並び日本四大関所のひとつとして270年間、「入鉄砲」「出女」を厳しく取り締まった。資料館には当時の手形や武具などの貴重な資料が展示され、厳しかった関所の雰囲気を今に伝えている。

☎0264-23-2595　住木曽町福島関町5031-1　時8:30～16:30　休12～3月の火曜（祝日の場合は翌日）　料300円　MAPP141C2

❸ 興禅寺
こうぜんじ

義仲ゆかりの木曽三大名刹

木曽氏と山村家代々の菩提寺で、12代信道が義仲を弔うために建立し、奉納された踊りが「木曽踊り」の起源とされる。境内には観音堂、宝物殿、須弥山の庭などのみどころも多く、昭和38年(1963)作の「看雲庭」は枯山水として東洋一の広さを誇る。

☎0264-22-2428 ⊕木曽町福島5659 ⊙8:30～16:30 ⊛無休
⊛500円(宝物殿、昇龍庭、須弥山の庭は11月下旬～3月は休館。看雲庭、万松庭のみ拝観可能) ⊛300円 MAP P141C2

借景とのバランスもよく、見事な雲海の美を表現する「看雲庭」

❹ 山村代官屋敷
やまむらだいかんやしき

威厳が伝わる武家屋敷

☎0264-22-3003 ⊕木曽町福島5808-1 ⊙8:30～16:30 ⊛無休(12～3月は木曜)
⊛300円(興禅寺・福島関所資料館・山村代官屋敷共通券900円) MAP P141B2

「木曽の殿様」と呼ばれた福島関所の関守と木曽代官を兼任した山村氏の屋敷跡。かつては広大な敷地を有したが現存するのは東門の石垣の一部、下屋敷の一部の城陽亭と庭園だけとなった。風格ある屋敷内には、当時奉納された絵馬や所蔵品などが展示されている。

長く木曽の関所を治めた代官屋敷

大名へ饗した料理の展示も

おさんぽの途中に！ 立ち寄りグルメ＆ショップ

くるまや本店
くるまやほんてん

素朴な味で人気のそば処

色が濃く、こしの強い独特な風味で人気のそば処。宿場の雰囲気が残る店内で飲む地酒も格別だ。二枚重ねのざるそば(1220円)は一枚からでも注文できる。

☎0264-22-2200 ⊕木曽町福島5367-2 ⊙11:00～16:00ごろ(品切れまで) ⊛水曜
MAP P141A3

鳥鍵
とりかぎ

山里の郷土料理店

できたてのうな丼(2700円～)と釜めし(1400円～)が人気の食事処。鯉のあらい、岩魚の塩焼き、山菜と地の味が楽しめる山菜料理コース(1600円～)などもある。

☎0264-22-2209 ⊕木曽町福島5064 ⊙11:00～13:30、17:00～21:00 ⊛月曜(変更あり) MAP P141B2

芳香堂
ほうこうどう

散歩のお供にも最適

ほのかなそばの風味のかわと上品な甘みの館がほどよく混じりあう福島名物のそば饅頭(1個120円)。バラ売りもされているので、散歩の行き帰りに立ち寄りたい。

☎0264-22-2134 ⊕木曽町福島5352-1 ⊙8:00～19:00 ⊛水曜 MAP P141A3

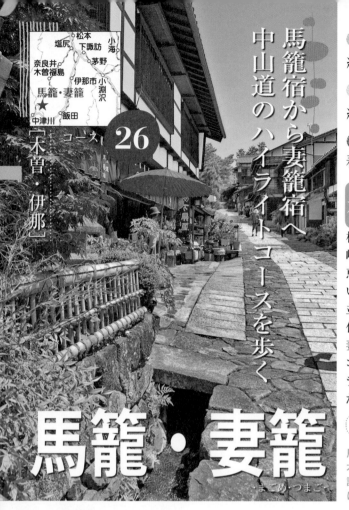

馬籠宿から妻籠宿へ
中山道のハイライトコースを歩く

馬籠・妻籠
まごめ・つまご

地図:
松本
塩尻 下諏訪 小海
奈良井 茅野
木曽福島 伊那市 小淵沢
馬籠・妻籠
★
中津川 飯田

歩く時間 >>>
約1時間15分

歩く距離 >>>
約1.7km

おすすめ季節 >>>
春 (4~5月) 秋 (10~11月)

木曽十一宿の最南端に位置する馬籠宿は山の尾根沿いに開けた宿場町。島崎藤村の故郷、馬籠は名峰恵那山を仰ぎながらたどりたい。そして、日本で初めて町並保存に取り組み、江戸時代の宿場風情を見事に残す妻籠。2つの宿場を訪ねるコースは旧中山道歩きのハイライト。体力派なら整備された馬籠峠越えもいい。

おさんぽアドバイス

馬籠~妻籠のバス便は1日4、5本なのであらかじめ時刻表を確認しておきたい。タクシー料金は約3500円(所要20分)。

1日コース START

バス停馬籠 >> ❶藤村記念館 >> ❷馬籠脇本陣史料館 >> バス停陣場(馬籠宿の妻籠側のバス停) >> バス停橋場(妻籠宿の馬籠側のバス停) >> ❸枡形跡 >> ❹南木曽町博物館 >> GOAL バス停妻籠

JR中央本線中津川駅から北恵那交通バスで25分 570円

徒歩10分 (所要30分)

徒歩1分 (所要20分)

徒歩10分

バス停陣場~バス停橋場までは南木曽町地域バスで22分 (600円)

徒歩25分 (所要5分)

徒歩10分 (所要60分)

徒歩15分

JR中央本線南木曽駅へは南木曽町地域バスで9分 300円

標高
700m 馬籠 陣場
600m ❶❷
500m 橋場 ❸❹ 妻籠
400m スタートから2km 4km 6km 8km

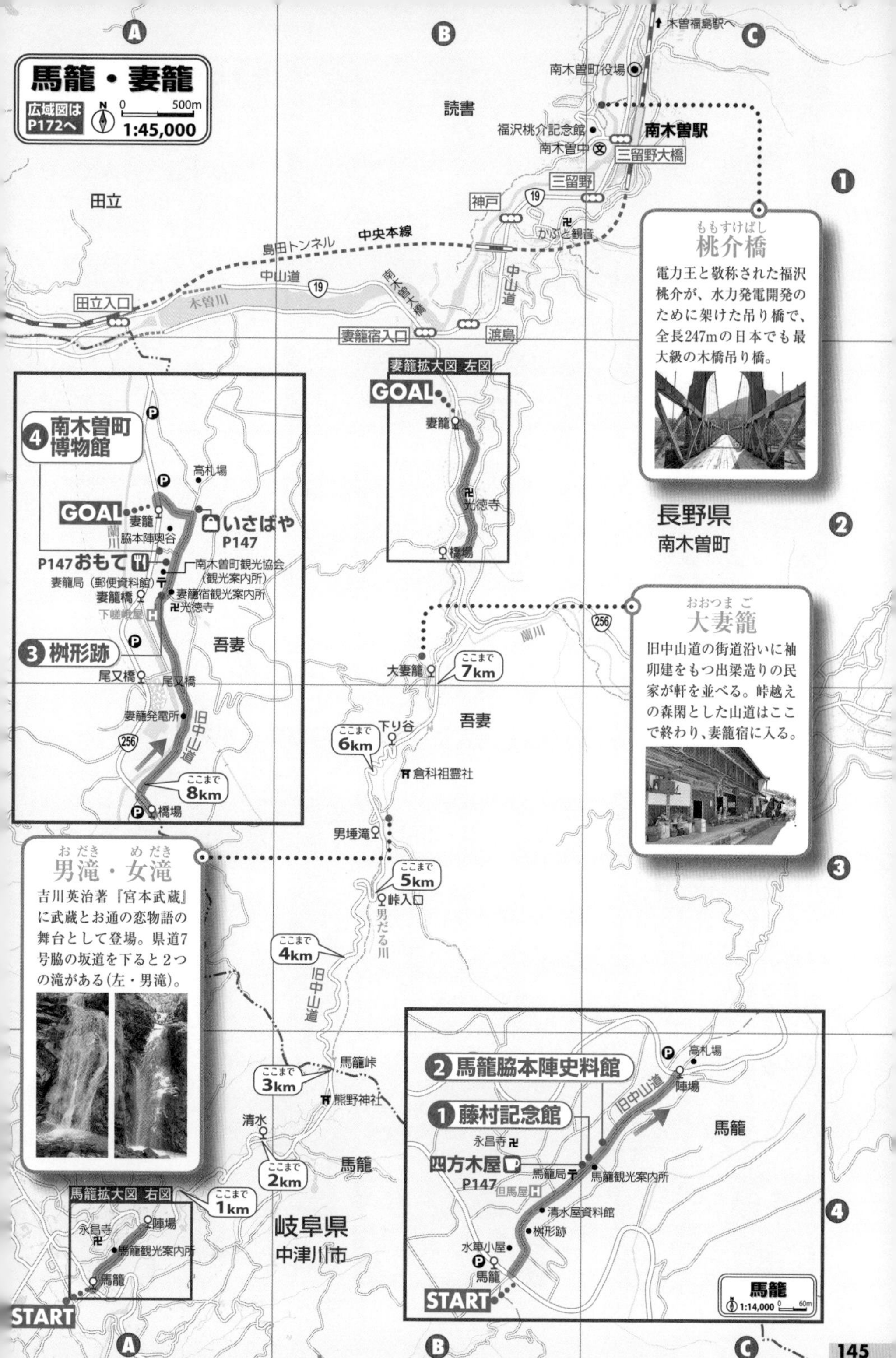

馬籠・妻籠

広域図は
P172へ

N　0　　　500m

1:45,000

木曽福島駅へ →

南木曽町役場

読書

福沢桃介記念館　　南木曽駅
南木曽中　　三留野大橋
三留野
神戸　　19

中央本線

かぶと観音

中山道

桃介橋
ももすけばし

電力王と敬称された福沢
桃介が、水力発電開発の
ために架けた吊り橋で、
全長247mの日本でも最
大級の木橋吊り橋。

長野県
南木曽町

島田トンネル　中央本線

田立

中山道　19

木曽川

中山道

田立入口

妻籠宿入口　　　浜島

GOAL

妻籠拡大図　左図

妻籠

光徳寺

大妻籠
おおつまご

旧中山道の街道沿いに袖
卯建をもつ出梁造りの民
家が軒を並べる。峠越え
の森閑とした山道はここ
で終わり、妻籠宿に入る。

④ **南木曽町**
博物館

P

高札場

P

GOAL　妻籠
脇本陣奥谷

P147 **おもて**　🍴

南木曽町観光協会
（観光案内所）

妻籠局（郵便資料館）　妻籠観光案内所

妻籠橋
下嵯峨屋　　光徳寺

いさばや
P147

吾妻

③ **桝形跡**

尾又橋　　尾又橋

256

妻籠発電所

ここまで
8km

橋場

蘭川

大妻籠　　　ここまで
7km

下り谷　　吾妻
ここまで
6km

倉科祖霊社

男滝・女滝
おだき・めだき

吉川英治著『宮本武蔵』
に武蔵とお通の恋物語の
舞台として登場。県道7
号脇の坂道を下ると2つ
の滝がある（左・男滝）。

男埵滝
ここまで
5km

峠入口

男だる川

ここまで
4km

馬籠峠
ここまで
3km

熊野神社

清水

馬籠

② **馬籠脇本陣史料館**

P　高札場

陣場

旧中山道

① **藤村記念館**

永昌寺　　　馬籠局

四方木屋
P147

馬籠資料館　馬籠観光案内所

但馬屋　H

清水屋資料館

桝形跡

馬籠

岐阜県
中津川市

ここまで
2km

馬籠拡大図　右図

ここまで
1km

永昌寺　　陣場

馬籠観光案内所

馬籠

水車小屋

馬籠

START

START

馬籠
1:14,000　　60m

馬籠本陣を勤めてきた島崎家跡の礎石が残る庭からは、恵那山が正面に眺められる

歴史小説『夜明け前』の舞台であり、藤村関係の資料6000点を収蔵している

藤村関係の資料が展示された第二文庫

❶ 藤村記念館
とうそんきねんかん

藤村ゆかりの資料を収蔵

島崎家は江戸時代には本陣・問屋・庄屋を兼ねた旧家で、記念館には藤村関係の数多くの資料が収蔵されている。記念館の裏手の永昌寺には藤村の遺髪、遺爪とともに冬子夫人、夭逝した三人の娘たちが眠っている。2010年に第二文庫をリニューアルオープン。

☎0573-69-2047
🏠岐阜県中津川市馬籠4256-1
🕐9:00〜17:00(12〜3月は〜16:00)
🈺12〜2月の水曜　💴500円
MAP P145C4

歩きたい 散 歩 道

木曾の林の中を歩く
馬籠峠越え

馬籠から馬籠峠を越えて妻籠までの約9kmのルート MAP P145 A4〜B2 は、ちょうどいい高低差の「峠越え」コース。馬籠〜馬籠峠は標高差約200m余を登り、馬籠峠〜妻籠は、ゆるやかに標高差400m余を下は整備されている。

このコースの魅力は、ところどころ車道を歩いたり渡ったりするが旧中山道の趣がたっぷり残っていることだ。コース途中の山上集落には山里ならではのたたずまいがある。コース内には案内板、トイレ、水場

❷ 馬籠脇本陣史料館
まごめわきほんじんしりょうかん

代々伝えてきた木曽路の文化や制度を紹介

脇本陣の上段の間を復元し、当時使用していた家財や什器を展示し、江戸のころの木曽路独特の文化や制度を紹介している。明治28年(1895)の馬籠宿の大火で建物を焼失した馬籠宿の脇本陣は屋号を「八幡屋」といい、馬籠宿の年寄役も兼ねていた。

☎0573-69-2108
🏠岐阜県中津川市馬籠4253-1
🕐9:00〜17:00　🈺不定休
💴300円　MAP P145C4

宿場の生活を再現

復元された脇本陣の上段の間

徳川幕府は西国大名の謀反に備え侵攻を少しでも遅らせるために枡形を造った

❹ 南木曽町博物館
なぎそまちはくぶつかん

旧家の堂々たる造りを復元

脇本陣と本陣、歴史資料館で構成された博物館。藤村の初恋の人「おゆふさん」の愛用品や藤村直筆の書など、ゆかりの品を見学したい。囲炉裏端で昔の生活ぶりなどを聞くこともできる。

☎0264-57-3322　⯆南木曽町吾妻2190　⯈9:00～17:00(最終入館16:45)　⯅年末年始　⯇600円(本陣・脇本陣・歴史資料館共通券700円)
MAP P145A2

❸ 枡形跡
ますがたあと

直角に折り曲げた街道の防塞施設

宿場には幕府によって防塞施設として「枡形」が造られていた。敵の侵入を阻むために道を直角に折り曲げた工夫だ。坂の下の下嵯峨屋は長屋だったものを昭和43年(1968)に解体復元。妻籠宿における庶民の住居を代表する片土間に並列間取りの形式を留めている。

妻籠宿のほぼ真ん中に位置する枡形は街道を石段で下り、直角に曲がり石段を上がって再び街道に出る

☎0264-57-2727(南木曽町観光協会)
⯆南木曽町吾妻2159-2
⯈⯅⯇立入自由　MAP P145A2

代々問屋も務めた家であり、旧家の堂々たる造りを見ることができる

おさんぽの途中に！

立ち寄りグルメ＆ショップ

☕ 四方木屋
よもぎや

藤村ゆかりのカフェ

藤村記念館の隣にあるカフェ。大正のころをイメージした雰囲気のなかでゆったりと過ごすことができ、店内では民芸品も販売している。わらびもちと抹茶のセットは890円。

☎0573-69-2006
⯆岐阜県中津川市馬籠4257
⯈10:30～17:00(16:30LO)
⯅不定休　MAP P145C4

🏠 いさばや
いさばや

髪に良いお六櫛専門店

昔話に「お六という頭痛もちの娘が、みねばりの木で櫛を作り髪をとかしたら病が治った」とある。静電気が起きず、髪も痛まず、抜け毛防止にもなる、みねばりの櫛1900円～。

☎0264-57-3064
⯆南木曽町妻籠
⯈9:00～17:00
⯅不定休　MAP P145A2

🍴 おもて
おもて

メニュー豊富な食事処

だしの利いたツユはもちろん山菜も自家製の山菜そば800円。山ぐるみたっぷりのたれと、サワラの木串に刺して香り高く焼き上げた五平餅など、店主のこだわりのメニューが豊富。

☎0264-57-2682
⯆南木曽町妻籠2191-3
⯈9:00～16:30
⯅不定休　MAP P145A2

147

城址にコヒガンザクラが咲く
絵島ゆかりの町を歩く

木曽・伊那

高遠
（たかとお）

松本
小海
塩尻 下諏訪
茅野
奈良井 伊那市
木曽福島 小淵沢
南木曽 高遠
中津川 飯田

● 歩く時間 >>>
約1時間35分

● 歩く距離 >>>
約3.3km

● おすすめ季節 >>>
春🌸(3~4月)秋🍁(9~10月)

南アルプスの麓、伊那盆地の東に位置する小さな城下町高遠のみどころは、桜の名所として知られる高遠城址公園周辺に集まっている。絵島生島や悲劇の武将、仁科五郎盛信の歴史物語ゆかりの城址には、絵島囲み屋敷や美術館などがある。中央アルプスの山並みを望み、城下町風情を楽しみながら歩きたい。

╭─ おさんぽアドバイス ─╮

高遠駅から城址公園に向かう商店街は、城下町らしい佇まいのお店が立ち並んでいる。お店をのぞきながらのんびりと歩きたい。

1日コース **START** 🚌
JRバス高遠駅

❶
高遠城址
公園

❷
信州高遠
美術館

❸
伊那市立高遠町
歴史博物館・
絵島囲み屋敷

❹
高遠商店街

GOAL 🚌
JRバス高遠駅

╭──────╮
│ JR伊那市駅 │
│ からJRバスで │
│ 25分 │
│ 530円 │
╰──────╯

徒歩
25分

（所要60分）

徒歩
20分

（所要30分）

徒歩
5分

(所要20分)

徒歩
25分

（所要30分）

徒歩
20分

╭──────╮
│ JR伊那市駅 │
│ へはJRバスで │
│ 25分 │
│ 530円 │
╰──────╯

標高
800m
750m
700m

JRバス高遠駅
❶ ❷ ❸ ❹
JRバス高遠駅

スタートから1km   2km   3km

城址の春は、樹齢約140年の古木や50年以上のものなどタカトオコヒガンザクラの花に埋もれる

❶ 高遠城址公園
たかとおじょうしこうえん

春は赤みを帯びた桜色に包まれる

高遠城は戦国時代、武田信玄の家臣であった山本勘助が改修したといわれる堅城。今は高遠藩士の師弟が学んだ藩校、進徳館だけが残っている。春になると高遠藩の旧藩士達が「桜の馬場」から移植した1500本あまりのタカトオコヒガンザクラが咲き乱れる。

内藤頼直が開いた学問所、進徳館

☎0265-78-4111(代)(伊那市役所観光課) ⊕伊那市高遠町東高遠 ⊕8:00～17:00(さくらの最盛期6:00～22:00) ⊛無休 ⊕さくら祭り期間中のみ500円 MAP P150C1

❷ 信州高遠美術館
しんしゅうたかとおびじゅつかん

原田コレクション668点を収蔵

原田政雄コレクションを中心に伊那市ゆかりの作家の作品を時期に合わせて展示。収蔵展のほかに、特別展を年数回開催。また喫茶室"パレット"からは南・中央アルプスを望む景色を楽しみながらくつろげる。

☎0265-94-3666 ⊕伊那市高遠町東高遠400 ⊕9:00～17:00(最終受付16:30) ⊛火曜・年末年始(祝日の場合は翌日) ⊕500円 MAP P150C2

2002年に開館した美術館

おさんぽの途中に!

立ち寄りグルメ＆ショップ

老舗亀まん
しにせかめまん

銭湯客にふるまっていた饅頭

明治中期、初代が開業した銭湯『亀の湯』で客にふるまっていた饅頭が評判となり饅頭屋さんを開店。亀の一字をとって昔ながらの製法で作った薄皮の亀まん頭(1個118円)。

☎0265-94-2185 ⊕伊那市高遠町西高遠1689 ⊕8:30～18:30 ⊛水曜 MAP P150B1

高遠あかはね
たかとおあかはね

歴史ある高遠の町で4代目

北海道産小豆のこし餡をたっぷり用い、黒糖で仕立てたうす皮で包んで焼いた高遠まん頭(1個120円)、麦の香ばしさと上品な甘さが口に広がるむぎころがし(1個140円)。

☎0265-94-2127 ⊕伊那市高遠町西高遠1690 ⊕8:00～18:00 ⊛水曜(4月の桜祭り中は営業) MAP P150B1

高遠そば ますや
たかとおそば ますや

高遠産と八ヶ岳産の玄蕎麦を使用

「玄」「ぬき」「田舎」3種類の蕎麦粉を自家製粉しているそば処。焼き味噌と辛味大根の汁で「玄、ぬき、田舎」3種類のそばが味わえる高遠三昧(1800円)などが人気。

☎0265-94-5123 ⊕伊那市高遠町東高遠1071 ⊕11:00～15:30 ⊛火曜(1・2月は火・水曜) MAP P151D1

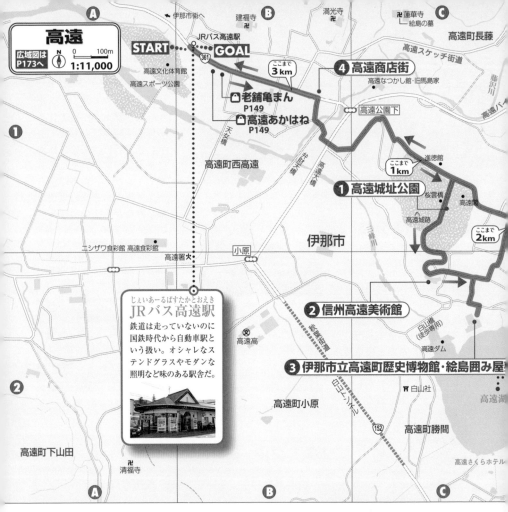

高遠

広域図はP173へ

N 0 100m 1:11,000

伊那市街へ
建福寺
満光寺
蓮華寺
絵島の墓
高遠町長藤

START ••• JRバス高遠駅 ••• GOAL
361

ここまで3km

4 高遠商店街
高遠スケッチ街道
高遠なつかし館・旧馬島家

高遠文化体育館
高遠スポーツ公園
老舗亀まん P149
高遠あかはね P149

高遠町西高遠

高遠公園下
進徳館

ここまで1km

1 高遠城址公園
桜雲橋
高遠城跡

ここまで2km

ニシザワ食彩館 高遠食彩館
高遠署
小原

伊那市

2 信州高遠美術館

高遠高

白山橋(従接用)
高遠ダム

3 伊那市立高遠町歴史博物館・絵島囲み屋敷

白山社
高遠湖

じぇいあーるばすたかとおえき

JRバス高遠駅

鉄道は走っていないのに国鉄時代から自動車駅という扱い。オシャレなステンドグラスやモダンな照明など味のある駅舎だ。

高遠町小原
高遠町勝間
高遠さくらホテル

高遠町下山田
清福寺

152

---

❸ 伊那市立高遠町歴史博物館・絵島囲み屋敷

いなしりつたかとおまちれきしはくぶつかん・えしまかこみやしき

昼夜藩士に見張られた絵島をしのぶ屋敷

高遠藩で27年間も生活を送った絵島の屋敷を、当時の見取り図をもとに再現した建物。大奥と絡んだ幕府の勢力争いにまきこまれ高遠に遠流となった絵島は、はめ殺しの格子戸や忍び返しで厳重に囲まれた屋敷に幽閉された。

☎0265-94-4444 ⊕伊那市高遠町東高遠457
⊕9:00~17:00(最終入館16:30)
⊛月曜・年末年始(祝日の翌日、月曜が祝日の場合は開館)
⊛400円 MAP P150C2

高遠町歴史博物館前に立つ保科正之公・お静地蔵

高遠に遠流となった絵島が幽閉された屋敷

高遠そば ますや
📍 (152)
P149

高遠町東高遠

花の丘公園

樹林寺卍

諏訪神社🦅

卍西龍寺

卍桂泉院

たかとおこ
高遠湖

天竜川の支川三峰川に昭和33年(1958)に完成した多目的ダム。湖の周辺には散歩道や公園などが整備され四季を通して散策が楽しめる。

歩きたい散歩道

中央アルプスの展望を楽しみながらループ橋を歩く

高遠城址公園から城下町への帰路をループ橋経由とするのも楽しい。全長290mのこのループ橋からは、高遠の町並みやはるか西に中央アルプスの山々を一望することができる。城址公園の北ゲートを出たら左に進み、ローズガーデンの案内板に従って坂道を下って

行くと、前方にクルリと輪を描いたループ橋が見えてくる。

何もさえぎるものがない橋上からの眺望はすばらしく西に中央アルプスの山々が、藤沢川の対岸に遠野の城下町が広がる。周辺は梅や桜などの花々が咲き誇る。

MAP P151D1

ループ橋から望む中央アルプスの山々

＊

高遠

商店街には老舗酒蔵、黒松仙醸の旧蔵も

❹ 高遠商店街
たかとおしょうてんがい

藤沢川の西側に整備された城下町風情

　伊那盆地の東端に位置する山間の城下町高遠は、かつては杖突街道を経て茅野に至る上伊那の政治、交通の中心地。廃藩後の町並みは町人町を模した雰囲気のいい商店街に整備されているが、露地裏には旧家が新しい町並みのなかに埋もれるように残っている。 MAP P150B1

城下町の雰囲気を再現した町並みの商店街

28 「りんご並木と人形劇のまち」飯田を歩く

[木曽・伊那] 飯田コース

松本
塩尻 下諏訪 小海
奈良井 茅野
伊那市
木曽福島 小淵沢
南木曽
中津川 ★飯田

●歩く時間 >>>
約1時間30分

●歩く距離 >>>
約3.9km

●おすすめ季節 >>>
春❀(4~5月) 秋🍁(9~11月)

南 信州飯田は江戸と京・大阪の東西を結ぶ街道の要衝として古くから繁栄してきたまち。遠州と松本方面をつなぐ南北の街道も重要な交通路であり、江戸時代には伊那谷を南北に流れる天竜川は通船で大変賑わったと伝えられる。今は銘木の一本桜や屋台獅子、人形劇のまちとして知られている。

おさんぽアドバイス

名水猿庫の泉がある飯田市は茶の湯の文化が発達し、市街地には多くの和菓子店がある。散策の休憩やおみやげ用に和菓子店巡りも楽しい。

半日コース **START** 飯田駅 **JR飯田線**

❶ りんご並木
徒歩15分 (所要30分)

❷ 飯田市動物園
徒歩5分 (所要60分)

❸ 川本喜八郎人形美術館
徒歩5分 (所要30分)

❹ 飯田市美術博物館
徒歩15分 (所要60分)

❺ 春草通り
徒歩25分 (所要30分)

徒歩25分

GOAL 飯田駅 **JR飯田線**

標高
510m
500m 飯田駅 ❶❷❸ ❺
490m ❹ 飯田駅
480m スタートから1km 2km 3km

❶ りんご並木
りんごなみき

中学生の提案で誕生した並木道

りんご並木は昭和22年 (1947) に発生した飯田の大火の復興過程で当時の飯田市立飯田東中学校の生徒たちの提案により生まれた並木。併設された遊歩道にはベンチが備えられ、りんご並木の先には「ハミングパル（人形時計台）」がある。

☎0265-22-4851（まちなかインフォメーションセンター）
🕐🏠💰散策自由　MAP P154B2

春には可憐なりんごの白い花が咲く

お散歩にぴったりの広さで、入園料が無料なのは嬉しい

❷ 飯田市動物園
いいだしどうぶつえん

市民に愛される癒やしスポット

りんご並木の隣にある動物園。フンボルトペンギンやワラビーなどの小さな動物を中心に、アンデスコンドル、ミーアキャット、アメリカビーバー、白いタヌキといった県内ではここだけの珍しい動物も多数見ることができるため、市民に人気のスポット。

国が指定する特別天然記念物のニホンカモシカも見ることができる

☎0265-22-0416
📍飯田市扇町33
🕐9:00〜16:30
🏠月曜（祝日の場合は翌日）祝日の翌日　💰無料　MAP P154B2

飯田

おさんぽの途中に！　立ち寄りグルメ＆ショップ

🏠 多月堂　🏠 一茶堂
たげつどう　　　いっさどう

南信州のみやげが揃う

飯田市の伝統工芸品である水引や飯田紬、南信州のフルーツなどを取り扱う。
多月堂☎0265-22-0581　📍飯田市中央通り4-16　🕐9:00〜19:00　🏠不定休　MAP P154A1
カフェでくつろぐこともできるみやげ店。みやげは地方発送も可能。
一茶堂☎0265-24-1310
📍飯田市中央通り4-39　🕐8:00〜18:30　🏠不定休　MAP P154A1

🏠 在来屋
ざいらいや

地元で愛される五平餅

南信州では、丸くて平たいお餅を2つ串に刺した五平餅が一般的。在来屋にはイートインコーナーがあり、テイクアウトやみやげ用の真空パックも販売している。
☎0265-49-8246
📍飯田市本町1-10-1
🕐10:00〜18:00
🏠不定休　MAP P154B2

🏠 みつばつつじ りんご並木店
みつばつつじ りんごなみきてん

りんご並木を眺めながら休憩

南信州の銘菓と季節のお菓子が揃う店。りんご並木を眺めながら、お菓子と抹茶やコーヒーが楽しめる。飯田産のりんごをりんご並木で醸造したシードルの販売も。
☎0265-52-6188
📍飯田市通り町2-23
🕐9:00〜18:00
🏠水曜　MAP P154B1

❸川本喜八郎人形美術館
かわもときはちろうにんぎょうびじゅつかん

人形劇『三国志』の世界が一堂に

世界的な人形美術家の川本喜八郎の作品が間近で見られる美術館。NHK人形劇『三国志』で放送された人形や、川本喜八郎が監修した人形アニメーションの人形など約200点を収蔵。館内の映像ホールでは人形アニメーションも上映。毎年8月上旬には、日本最大級の「人形劇フェスタ」が開催される。

☎0265-23-3594　⏱飯田市本町1-2
🕐9:30～18:30（入館は～18:00）
🈭水曜（祝日の場合は開館）　💴400円　MAP P154B2

人形劇『三国志』の諸葛孔明の木目込み人形

テレビ人形劇や人形アニメーションの人形が常時展示される

飯田
広域図は
P173へ

N 0 80m
1:8,000

D E

さくらまるごもん
桜丸御門

門全体がベンガラで赤く
塗られていたことから通
称赤門の名で親しまれて
いる。宝暦4年(1754年)
に上棟された飯田城で往
時の場所に残る唯一の建
物。

やすとみざくら
安富桜

飯田市美術博物館の庭に
ある県指定天然記念物。
樹形も整い支え柱もなく
樹齢推定450年以上。国
内十指、県下一の名声も。

⓸ 飯田市美術博物館
飯田市美術博物館
いいだしびじゅつはくぶつかん

伊那谷の歴史と文化の拠点

伊那谷の自然・文化・美術をテーマ別に展示。
自然部門では伊那谷の自然とその生い立ち、人
文部門は伊那谷の歴史、民俗芸能などの展示を
行い、美術では飯田市出身の日本画家菱田春草
の作品を収蔵展示している。敷地内には移築さ
れた日本民俗学の創始者・柳田國男の書斎も。

☎0265-22-8118　🏠飯田市追手町2-655-7
🕐9:30～17:00　🈳月曜(祝日の場合は翌日)　💴310円
～(観覧内容により異なる)　MAP P154C2

南アルプスの山並みをイメージした美しい外観にも注目

館内ホールの巨大なスピ
ノサウルス復元骨格標本

飯田城本丸跡に立つ、柳田國男の
書斎「喜談書屋」

⓹ 春草通り
春草通り
しゅんそうとおり

菱田春草の生家跡と文化財の建築物

飯田市は日本画家、菱田春草のゆかりの地。
菱田春草生誕地公園を中心とした仲ノ町から
二本松、二本松から旧飯田測候所までを「春
草通り」と呼ぶ。春草通りには国登録文化財
の下伊那教育会館、旧飯田測候所本庁舎や武
家屋敷の門など歴史ある建物が点在している。
また近くには酒蔵をリノベーションしたカフ
ェがあり、こだわりのコーヒーも楽しめる。

☎0265-22-4851(まちなかインフォメーションセンター)
🕐🈳💴散策自由　MAP P154C1

古き良き佇まいで、レトロな雰囲気が漂う通り

昭和13年に
建てられた木
造2階建ての
洋風建築

飯田

信州イベントカレンダー

地域ごとに個性が豊かで、歴史と自然に恵まれた信州では、四季折々に魅力的な行事がいくつも開催される。伝統行事やイベントなどぜひ見学したい。

1月15日
野沢温泉の道祖神祭り
●のざわおんせんのどうそじんまつり

各地に残る「どんど焼き」行事のなかでも大規模で、江戸時代から続いている。祭りで作った社殿が燃え上がる瞬間がクライマックス。
☎0269-85-3155（野沢温泉観光協会）
㉛15日 19:30～22:00ごろ ㉙無料
●野沢温泉村馬場の原　➡P54

2月第2土・日曜
いいやま雪まつり
●いいやまゆきまつり

日本有数の豪雪地で遊ぶ一大イベント。市民が作った数十体の雪像が並び、スノースライダーが作られ、雪中みこしが練り歩く。
☎0269-62-0156（いいやま雪まつり実行委員会）
㉛1日9:30～21:00、2日10:00～16:00 ㉙無料
●飯山市文化交流館「なちゅら」～市内全域、他　➡P50

5月上旬
善光寺花回廊 ながの花フェスタ
●ぜんこうじはなかいろう ながのはなふぇすた

チューリップの花びらで路上に絵を描く「花キャンバス」が人気。ペチュニアなどのポットによる地上絵、コンテストなども開催。
☎090-5443-5632（善光寺花回廊実行委員会）㉛見学自由
㉙無料　●長野市中央通り、他　➡P18

5月3～5日
いいやま菜の花まつり
●いいやまなのはなまつり

千曲川を見下ろす会場には800万本の野沢菜の花が咲き誇る。朧月夜音楽祭をはじめ、さまざまなイベントが行われる。
☎0269-62-3111（いいやま菜の花まつり実行委員会）㉛3日10:00～5日16:00　●飯山市菜の花公園　➡P50

7月最終土曜
上田わっしょい
●うえだわっしょい

10万人もの人出で盛り上がる上田市民の祭り。生演奏に乗って踊り・みこし・太鼓などの参加連が市街中心部を練り歩く。
☎0268-23-5408（上田市商工観光部観光課）㉛16:00～20:45 ㉙無料　●上田市中心市街地　➡P92

7月下旬～8月中旬
湯田中温泉 夏祭り
●ゆだなかおんせん なつまつり

湯田中渋温泉郷の5つの旅館組合が合同で行う夏祭り。歌謡ショー、大道芸、盆踊りなど数々のイベントを日替わりで開催。
☎0269-31-3646（湯田中温泉夏祭り実行委員会）㉛19:30～21:30 ㉙無料　夏祭り特設会場、他　➡P46

7月第4日曜日
「信州 山の日」
●しんしゅう やまのひ

提供：長野県

県土の8割を森林が占める長野県では、山の恵みに感謝し、山を守り育てながら生かしていくため毎年7月15日～8月14日を「信州 山の月間」に指定し、イベントなどが開催されている。☎026-235-7261（長野県林務部森林政策課）●長野県全域

8月第1土曜
長野びんずる
●ながのびんずる

市民総参加・総和楽で盛り上がる市民祭。びんずる踊りの輪が広がる。
☎026-217-8244（長野びんずる実行委員会事務局）㉛前日18:00ごろから前夜祭、当日13:00ごろからイベント、18:30～21:00ごろびんずる踊り　●長野駅前、他　➡P18

※祭りやイベントの日時は変更になる場合があります。おでかけの前にご確認ください

8月7日（旧暦の七夕）
さんよりこより
●さんよりこより

洪水を起こす疫病神をこらしめる神事のかけ声からその名が付いた、600年もの歴史を持つ七夕祭り。
☎0265-78-4111（代）（（一社）伊那市観光協会）⏰13:00〜 💴無料 📍伊那市美篶下川手・川手天伯社、桜井天伯社 🗺 P 173E1

8月15日
諏訪湖祭湖上花火大会
●すわこまつりこじょうはなびたいかい

日本最大級の打ち上げ数約4万発を誇る花火大会。競技花火や大規模な水上スターマイン、全長約2kmのナイヤガラなど迫力がある。
☎0266-52-4141（諏訪湖祭実行委員会）⏰19:00〜 💴無料（マス席・指定席・有料自由席あり）📍諏訪湖 ➡P108

9月の各週末
飯山の伝統的秋祭り
●いいやまのでんとうてきあきまつり

「奈良沢大天狗」や「名立神社例大祭」「静間神社例大祭」「五束太々神楽」など集落ごとに伝統的な神事が奉納される。
☎0269-62-7000（飯山駅観光案内所）⏰9月の各週末 💴無料 ●飯山市内各所 ➡P50

9月27日
穂高神社御船祭
●ほたかじんじゃおふねまつり

穂高神社は7世紀以来の歴史を持つ古社。氏子が曳いて練り歩いた巨大な船形の山車が境内に入り、激しくぶつかり合う。
☎0263-82-2003（社務所）⏰15:00〜 💴無料 ●安曇野市・穂高神社 ➡P126

10月初旬の土曜
川中島古戦場まつり
●かわなかじまこせんじょうまつり

川中島合戦で犠牲となった幾千もの霊の追悼を込めて開催される祭り。また、同時に花火大会も開催。
☎026-284-3552（長野市商工会地域支援センター）⏰花火大会18:30〜20:00（予定）💴無料 ●長野市八幡原史跡公園 🗺 P164C4

10月上旬（2020年は10月10・11日）
松代藩真田十万石まつり
●まつしろはんさなだじゅうまんごくまつり

戦国時代の真田一族を再現した真田十万石行列（2日目）をメインに、童謡コンサートなどイベントを開催。
☎026-278-2534（秋まつり実行委員会）⏰1日目9:30〜17:00、2日目9:00〜21:00（予定）●長野市・松代城および松代町内 ➡P34

10月第1日曜
田立の花馬祭り
●ただちのはなうままつり

約300年前から続く五穀豊穣祈願の祭り。飾られた3頭の木曽馬が境内を3周し、人々が飾りの「花」を奪い合う。
☎0264-57-2727（一般社団法人南木曽町観光協会）⏰12:30〜14:00 💴無料 ●南木曽町JR田立駅〜五宮神社 🗺 P172B3

12月
遠山霜月祭
●とおやましもつきまつり

平安期の宮中行事をほぼそのまま伝承し、重要無形文化財指定の祭り。遠山郷各地で湯立神楽が執り行われる。
☎0260-34-1071（遠山郷観光協会）⏰神社により異なる 💴無料 ●飯田市遠山郷各地 ➡P152

信州 花と紅葉カレンダー

菜の花や桜、桃にソバなど、信州には花の名所が数多くある。
秋には紅葉の名所も。季節に応じて、これらのスポットにもぜひ立ち寄ろう。

1月	2月	3月	4月	5月	6月

フクジュソウ(3月下旬～4月下旬)

3月下旬～4月下旬

フクジュソウ
● 赤怒田福寿草公園[松本市]
MAP P166C3

梅(4月上旬～中旬)

あんず(4月上旬～中旬)

4月中旬～5月上旬

桜
● 飯山城跡[飯山市]
MAP P51C1
● 善光寺・城山公園 → P18
● 臥竜公園 → P41
● 上田城跡公園 → P95
● 小諸城址懐古園 → P81
● 松代城跡 → P36
● 国宝 松本城 → P122
● 高遠城址公園 → P149

桜(4月中旬～5月上旬)

桃(4月下旬～5月上旬)

4月下旬～5月上旬

桃(花桃)
● 丹霞郷[飯綱町]
MAP P164C3
● 千曲川河川敷の桃畑[須坂市] **MAP** P164C3
● 川中島桃畑[長野市] **MAP** P164B4
● 平尾山桃源郷[佐久市] **MAP** P169D3

ミズバショウ(4月下旬～5月上旬)

4月下旬～5月中旬

菜の花
● 野沢温泉村 → P54
● 菜の花公園 [飯山市] **MAP** P165D1

菜の花(4月下旬～5月中旬)

リンゴ(4月下旬～5月下旬)

ツツジ(5月上旬～下旬)

4月下旬～5月下旬

リンゴ
● 湯田中渋温泉郷 → P46
● 長野電鉄沿線[須坂市ほか] → P38
● りんご並木(飯田市) → P153

5月上旬～下旬

ツツジ
● 茶臼山公園[長野市] **MAP** P164B4
● 御屋敷公園[上田市真田町] **MAP** P168B2
● 満願寺(栗尾山つつじ公園)[安曇野市] **MAP** P166A3
● 鶴峯公園[岡谷市] **MAP** P171D3

松本城の桜。松本城公園や本丸庭
園には約320本の桜が植えられている

4月上旬～中旬

梅
- 信州伊那梅苑［箕輪町］
- 🅼🅰🅿 P173E1

4月上旬～中旬

あんず
- 松代東条［松代市］　🅼🅰🅿 P164C4
- あんずの里［千曲市］　🅼🅰🅿 P167B1

千曲市のあんずの里

4月下旬～5月上旬

ミズバショウ
- 飯綱高原［長野市］　🅼🅰🅿 P164B3
- 戸隠森林植物園［長野市］　➡P28

7月上旬～中旬・9月中旬～下旬

ソバ
- 戸隠高原［長野市］
  🅼🅰🅿 P164B2
- あづみのそば畑［安曇野市］　🅼🅰🅿 P166B3

9月下旬～11月上旬

紅葉
- 戸隠高原
  🅼🅰🅿 P164B2
- 上田城跡公園　➡P95
- 塩田平　➡P96
- 小諸城址懐古園　➡P81
- 軽井沢・信濃追分［軽井沢町］
  ➡P66・74
- 内山峡［佐久市］　🅼🅰🅿 P169D4
- 阿弥陀寺［諏訪市］　🅼🅰🅿 P171E3
- 赤沢自然休養林　🅼🅰🅿 P172B2

ソバ（7月上旬～中旬・9月上旬～中旬）

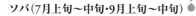

紅葉（9月下旬～11月上旬）

飯田市のりんご並木

159

【交通インフォメーション】

目的地までのアクセス、現地でのスムーズな移動方法など、スマートに旅するための交通をシミュレーション。より快適な旅を楽しみましょう。

信州・おもなスタート駅へのアクセス①（鉄道Rail編）

東京から長野、軽井沢エリアへは北陸新幹線利用が早く、松本エリアへはJR中央本線の特急が便利です。名古屋からは松本、長野エリアとも中央本線の特急で直行でき、大阪からは新幹線から名古屋駅で特急に乗り継ぎます。

※所要時間は目安で、標準的な乗換え時間を含みます。
※新幹線、特急の料金は通常期の普通車指定席利用で算出してあります。
(2020年5月現在)

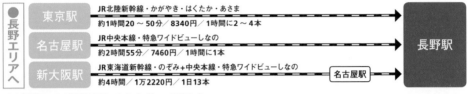

●長野エリアへ

東京駅	JR北陸新幹線・かがやき・はくたか・あさま 約1時間20〜50分／8340円／1時間に2〜4本
名古屋駅	JR中央本線・特急ワイドビューしなの 約2時間55分／7460円／1時間に1本
新大阪駅	JR東海道新幹線・のぞみ＋中央本線・特急ワイドビューしなの 約4時間／1万2220円／1日13本（名古屋駅乗継）

長野駅

☆長野から長野電鉄で小布施・湯田中へ

長野電鉄長野駅は、JR長野駅の善光寺口を出て右手の地下へ。乗換えには10分ほどみて。昇り降りがあるので、余裕をもったスケジュールを。特急料金は一律大人100円。

長野駅 ─ 長野電鉄・特急 ─ 小布施駅 → 湯田中駅

○小布施駅へは特急で約23分／780円／1〜2時間に1本
○湯田中駅へは特急で約46分／1290円／1〜2時間に1本（一部信州中野駅で乗換え）

☆長野から北陸新幹線で飯山・野沢温泉へ

飯山は北陸新幹線の利用が早く、しなの鉄道〜JR飯山線は時間がかかる。飯山駅から野沢温泉へのバスは2社あるが、野沢温泉交通のほうが所要時間が短く安い。

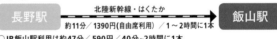

長野駅 ─ 北陸新幹線・はくたか ─ → 飯山駅
約11分／1390円（自由席利用）／1〜2時間に1本
○JR飯山駅利用は約47分／590円／40分〜2時間に1本

●軽井沢エリアへ

東京駅	JR北陸新幹線・はくたか・あさま 約1時間05〜20分／6020円／1時間に1〜3本
名古屋駅	JR中央本線・特急ワイドビューしなの＋北陸新幹線・はくたか・あさま 約3時間40分〜4時間30分／9590円／1時間に1本（長野駅乗継）
新大阪駅	JR東海道新幹線・のぞみ＋北陸新幹線・はくたか・あさま 約3時間45分〜4時間／1万9530円／1時間に1〜3本（東京駅乗継）

軽井沢駅

☆軽井沢からしなの鉄道で小諸・田中へ

しなの鉄道は日中は小諸止まりも多く、海野宿最寄りの田中駅へは小諸駅で乗換えとなることも。小諸へは長野新幹線佐久平駅からJR小海線に乗継ぐルートもある。

軽井沢駅 ─ しなの鉄道 ─ 小諸駅 → 田中駅

○小諸駅へは快速22分・普通約24分　500円／1時間に1〜2本
○田中駅へは快速31分・普通約35分　720円／1時間に1〜2本

●松本エリアへ

新宿駅	JR中央本線・特急あずさ 約2時間25〜55分／6620円／1時間に1〜2本
名古屋駅	JR中央本線・特急ワイドビューしなの 約2時間05分／6140円／1時間に1本
新大阪駅	JR東海道新幹線・のぞみ＋中央本線・特急ワイドビューしなの 約3時間10分／1万1010円／1時間に1本（名古屋駅乗継）

松本駅

☆松本からJR大糸線で穂高・松川へ

大糸線へは新宿駅から直通の特急も1日1本ある。またシーズンには名古屋駅からの臨時特急や長野駅からの快速「リゾートビューふるさと」も運転され穂高駅にも停車する。

松本駅 ─ JR大糸線 ─ 穂高駅 → 信濃松川駅

○穂高駅へは約30分／330円／1時間に1〜2本
○信濃松川駅へは約45分／510円／ほぼ1時間に1本

═══ JR　╫╫╫╫ 私鉄

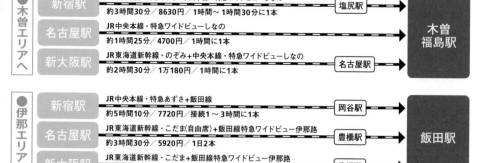

木曽エリアへ			
	新宿駅	JR中央本線・特急あずさ＋中央本線・特急ワイドビューしなの 約3時間30分／8630円／1時間～1時間30分に1本	塩尻駅 → 木曽福島駅
	名古屋駅	JR中央本線・特急ワイドビューしなの 約1時間25分／4700円／1時間に1本	→ 木曽福島駅
	新大阪駅	JR東海道新幹線・のぞみ＋中央本線・特急ワイドビューしなの 約2時間30分／1万180円／1時間に1本	名古屋駅 → 木曽福島駅
伊那エリアへ			
	新宿駅	JR中央本線・特急あずさ＋飯田線 約5時間10分／7720円／接続1～3時間に1本	岡谷駅 → 飯田駅
	名古屋駅	JR東海道新幹線・こだま(自由席)＋飯田線特急ワイドビュー伊那路 約3時間／5920円／1日2本	豊橋駅 → 飯田駅
	新大阪駅	JR東海道新幹線・こだま＋飯田線特急ワイドビュー伊那路 約4時間50分／1万2050円／1日2本	豊橋駅 → 飯田駅

東京・名古屋から飯田方面へは高速バス(→ P163)が便利。

信州エリアへのおトクなきっぷ

回数券はエリアへの往復におトクで、グループでも使えます。現地タイプのフリーきっぷはいちいちきっぷを買う手間が省けるうえ、使い方によってはかなり割安になります。週末パスなどの広域タイプもあるので問合せを。

えきねっとトクだ値・お先にトクだ値(JR東日本)

JR東日本のインターネット予約サイト「えきねっと」会員専用の、列車・席数・区間限定で乗車券と特急券がセットのきっぷ。約10％(お先にトクだ値は30～35％)の割引で、年末年始やお盆、大型連休にも利用できる。乗車前日の深夜まで(お先にトクだ値は13日前の午前1時40分まで)申し込める。

えきねっとトクだ値・お先にトクだ値 北陸新幹線あさま(普通車用)

「新幹線eチケットサービス」専用で、Suicaなど交通系ICカードの登録が必要。乗車券の区間が新幹線の乗車区間と同じなので、新幹線乗(下)車駅まで(から)のJR乗車券が別に必要。

おもな発売区間	お先にトクだ値	えきねっとトクだ値
東京～軽井沢	4060円	5230円
東京～上田	4600円	5920円
東京～長野	5680円	7320円

特急あずさ(普通車用)

新宿駅発着のほか、東京駅発着などもある。

おもな発売区間		お先にトクだ値	えきねっとトクだ値
新宿(山手線内)～小淵沢		3710円	4780円
〃	～茅野	3940円	5070円
新宿(都区内)～上諏訪・下諏訪		4170円	5370円
〃	～松本	4620円	5950円
〃	～信濃大町	5160円	6640円
〃	～白馬	5630円	7240円

回数券

乗車券と特急券がセットになっていて10％ほど割引になる。6枚セットで1枚ずつ切り離して使え、3人で往復すると使いきれておトク。出発駅によって回数券の種類が異なる。おもな発売区間は以下の通りで、有効期間は3カ月。ただし、GWやお盆、年末年始には使えないので注意。

指定席特急回数券(しなの号利用)(JR東海)

特急「ワイドビューしなの」の普通車指定席が利用できる。

おもな発売区間	ねだん(6枚セット)
名古屋(市内)～木曽福島	2万5740円
名古屋(市内)～松本	3万2940円
名古屋(市内)～長野	4万200円

フリーきっぷ

フリーエリアが設定してあり、エリア内の鉄道、バスが自由に乗り降りできるきっぷ。発売箇所やねだん、有効期間などはきっぷごとに異なるので、事前に確認を。

○信州ワンデーパス

長野エリアの北陸新幹線(軽井沢～長野～飯山間)、JR東日本線(長野～松本～<辰野含む>～小淵沢～小諸間、松本～南小谷間、豊野～越後川口間)、しなの鉄道線(長野～豊野間)の快速・普通列車が1日乗り放題で2680円。長野県内でもJR東海の路線は含まれないので注意。新幹線・特急利用には、別に特急券・特急料金が必要となる。フリー区間内のJR東日本の主な駅などで発売。

○長電フリー乗車券

長野電鉄全線が特急も含め乗り降り自由のきっぷで、1日用が2070円、2日用が2580円。長野電鉄長野駅などで発売。

ヒント ヒント ヒント
知っておきたい
●きっぷ名、○ルール

信州まで鉄道を利用する場合で、出発日がきっぷの発売、利用可能期間など条件が合えばおトクになりそうなきっぷを集めてみました。ネットや駅のポスターなどに掲出されるのでチェックしてみましょう。

●青春18きっぷ

春休み、夏休み、冬休み期間を中心に全国で発売されるきっぷで、JR全線の普通列車の普通車自由席に有効期間中任意の5日間乗り降り自由。

●週末パス

JR東日本が発売するきっぷで、フリーエリア内のJR東日本の鉄道と13の会社線の普通列車に週末の2日間乗り降り自由できる。発売・利用期間を区切って発売される。

●信濃路フリーきっぷ

JR東海が発売する名古屋発のきっぷ。松本、長野、白馬周辺のJR線と路線バスが3日間乗り降り自由。特急の普通車自由席も利用できる。発売・利用期間と区切って発売される。

○大人の休日倶楽部

JR東日本の大人の休日倶楽部に入会するとJR東日本・JR北海道線のきっぷが5～30％割引になるほか、エリア内を自由に乗り降りできる「大人の休日倶楽部パス」が購入できる(発売・利用期間は要確認)。詳しくはJR東日本の駅やHPで。

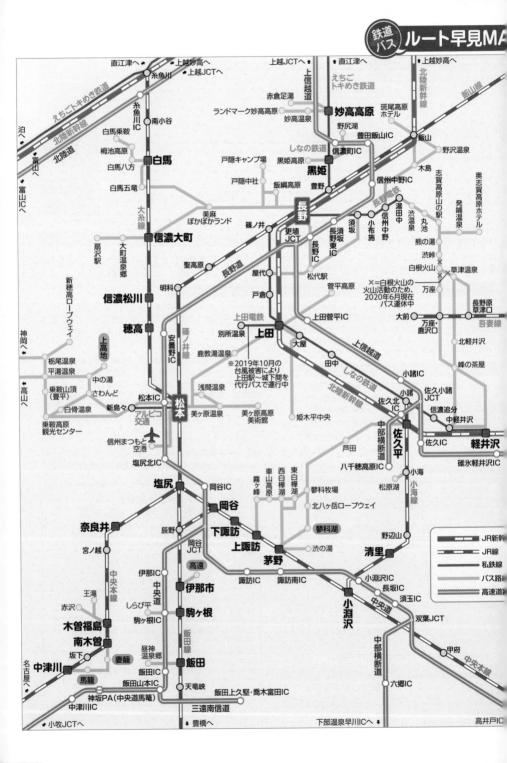

信州・おもなスタート地へのアクセス②（高速バスBus編）

信州エリアへは高速バスの路線が多く、JR利用より時間はかかるが、割安なねだんが魅力。大阪からは野沢温泉や軽井沢などへ直行する夜行便もあり、目的地によっては便利です。予約制の路線が大半なので注意しましょう。

※BT=バスターミナル BC=バスセンター　　　　　　　　　　　　　　　　　　　　　　　（2020年5月現在）

エリア	ルート【バス愛称名】	問合せ先	片道運賃	所要時間	便数(1日)	備考
長野 小布施	新宿駅南口～川中島古戦場～長野駅〔～善光寺大門〕	京王バス ☎03-5376-2222	2400～4800円	3時間43分	15便	所要時間は長野駅までのもの。夜行便は所要5時間23分。
	池袋駅東口～練馬区～長野駅〔～柳原〕	京王バス ☎03-5376-2222	2400～4800円	3時間42分	5便	所要時間は長野駅までのもの。
	名古屋（名鉄BC）～長野駅	アルピコ交通株式会社 ☎026-229-6200	3800～5100円	4時間47分	1便	名古屋発15時10分。
	大阪（阪急梅田）～（京都駅八条口・京都深草）～長野駅【アルペン長号】	阪急バス ☎06-6866-3147	5300～7600円	8時間52分	2便	大阪発13時と21時50分。昼便は所要6時間34分で、京都は深草のみ停車。
	大阪（湊町BT）～京都駅八条口～長野駅前～小布施～湯田中駅～飯山駅～野沢温泉	南海バス ☎06-6643-1007	6560～8500円	9時間56分	1便	夜行便（大阪21時45分）。長野までは5560円～7600円、7時間43分。
軽井沢	池袋駅東口～軽井沢駅前〔～西軽井沢営業所・御代田駅前〕	西武バス ☎03-5910-2525	2700円	2時間52分	7便	所要時間は軽井沢駅前までのもの。
	渋谷マークシティ～軽井沢～〔草津温泉BT〕	東急トランセ ☎03-6413-8109	3100円	2時間55分	3～4便	運賃・所要時間は軽井沢駅までのもの。
	新宿駅南口～佐久平駅～小諸駅	JRバス関東 ☎0570-048-905	2650円	3時間05分	9～10便	所要時間は小諸駅までのもの。
	池袋駅東口～上田駅前～別所温泉	西武バス ☎03-5910-2525	3800円	3時間55分	2便	ほかに、上田駅発7便あり。運賃・所要時間は別所温泉までのもの。
	大阪（あべのハルカス橋・天王寺公）～京都駅八条口～上田駅～小諸駅～軽井沢駅【千曲川ライナー】	近鉄バス ☎0570-001631	9900円	11時間26分	1便	夜行便（あべのハルカス・天王寺駅発20時30分）。運賃・所要時間は大阪～軽井沢のもの。
松本 安曇野	新宿駅南口～松本BT【中央高速バス】	京王バス ☎03-5376-2222	3800～4000円	3時間18分	24便	30分～1時間毎運行。
	名古屋（名鉄BC）～松本BT【中央高速バス】	名鉄バス ☎052-582-0489	2800～4100円	3時間27分	8便	
	大阪（阪急梅田）～（京都駅八条口）・京都深草～松本BT【アルペン松本号】	阪急バス ☎06-6866-3147	5000～7300円	5時間50分	3便	うち1便は夜行便で所要8時間40分。
木曽	新宿駅南口～奈良井宿～木曽福島駅前	京王バス ☎03-5376-2222	4800円	4時間25分	2便	新宿発7時45分と17時35分。運賃・所要時間は木曽福島駅前までのもの。
伊那	新宿駅南口～伊那BT～駒ケ根BT【中央高速バス】	京王バス ☎03-5376-2222	3800～4200円	3時間58分	16便	1時間毎運行。伊那までは3500～3900円、3時間17分。
	新宿駅南口～飯田駅前【中央高速バス】	京王バス ☎03-5376-2222	4200～4600円	4時間19分	17便	1時間毎運行。
	名古屋（名鉄BC）～中央道飯田～飯田駅前【中央道高速バス】	名鉄バス ☎052-582-0489	2600円	1時間54分	15便	うち昼神温泉経由の3便は所要2時間9～18分。馬籠までは2000円、1時間19分、24便。
	名古屋（名鉄BC）～中央道馬籠～上飯田～駒ケ根BT～伊那BT〔～箕輪〕【中央道高速バス】	名鉄バス ☎052-582-0489	3500円	3時間	9便	運賃、所要時間は伊那までのもの。馬籠までは2000円、1時間35分。
	大阪（阪急梅田）～上飯田～駒ケ根BT～伊那BT〔～箕輪〕【アルペン伊那号】	阪急バス ☎06-6866-3147	5350円	5時間41分	2便	大阪発8時30分と15時40分。運賃・所要時間は伊那BTまでのもの。

問合せ先

鉄道
JR東日本 …………………… ☎050-2016-1600
JR東海 ……………………… ☎050-3772-3910
長野電鉄 …………………… ☎026-248-6000
しなの鉄道 ………………… ☎0268-21-3470
上田電鉄 …………………… ☎0268-22-3612

高速バス
京王バス …………………… ☎03-5376-2222
西武バス …………………… ☎03-5910-2525
JRバス関東 ………………… ☎0570-048-905
東急トランセ ……………… ☎03-6413-8109
名鉄バス …………………… ☎052-582-0489
阪急バス …………………… ☎06-6866-3147
近鉄バス …………………… ☎0570-001631
南海バス …………………… ☎06-6643-1007

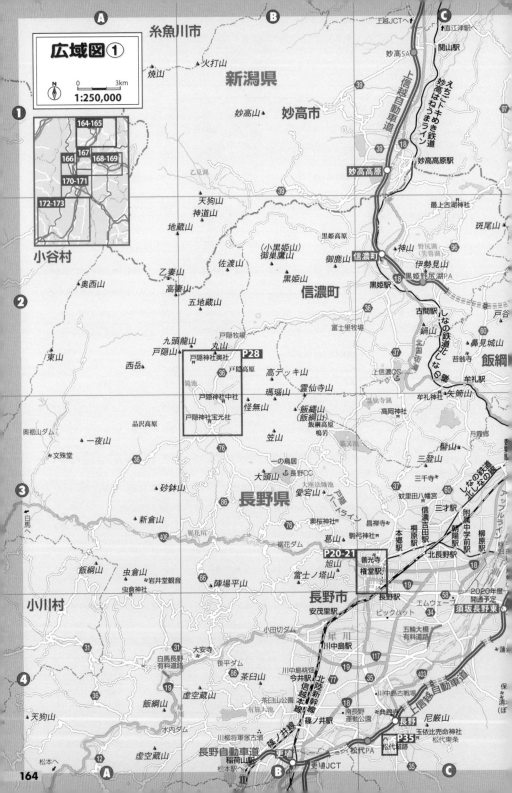

糸魚川市

上越JCTへ

直江津駅

妙高SA

関山駅

広域図①

N　0　3km

1:250,000

新潟県

火打山

焼山

妙高市

妙高山

❶

164-165

167

166　168-169

170-171

172-173

上信越自動車道

えちごトキめき鉄道
妙高はねうまライン

妙高SA

小谷村

乙見湖

妙高高原駅

❷

天狗山

神道山

地蔵山

黒姫高原

妙高高原

神山

野尻湖
（芙蓉湖）

伊勢見山

96

斑尾山

佐渡山

（小黒姫山）
御巣鷹山

御鹿池

信濃町

黒姫駅

黒姫野尻湖PA

18

97

乙妻山

高妻山

黒姫山

信濃町

古間駅

鵄鳴

戸谷

60

鼻見城山

奥西山

五地蔵山

富士里牧場

しなの鉄道
北しなの線

しなの

飯綱

九頭龍山

戸隠牧場

戸隠山　丸山

西岳

東山

品沢高原

戸隠神社奥社

P28

戸隠高原

戸隠神社中社

戸隠神社宝光社

鏡池

高デッキ山

瑪瑙山

怪無山

霊仙寺山

飯縄山
（飯綱山）

飯綱高原

鳴岩

上信濃CC

牟礼神社

牟礼駅

高岡神社

温仙寺湖

矢筒山

丹霞郷

60

奥裾花ダム

一夜山

文殊堂

砂鉢山

36

76

笠山

一の鳥居

大頭山

長野CC

戸隠バードライン

愛宕山

皆神山

三登山

37

三登山

三千寺

蚊里田八幡宮

信濃吉田駅

三才駅

附属中学前駅

朝陽駅

柳原駅

アップルライン

❸

白馬へ

新倉山

406

裾花ダム

76

素桜神社

昌禅寺

駒ヶ根神社

本郷駅

桐原駅

北長野駅

しなの鉄道
北しなの線

18

飯綱山

虫倉山

岩井堂観音

虫倉神社

86

陣場平山

葛山

旭山

富士ノ塔山

P20-21

善光寺

権堂駅

長野駅

長野市

58

2020年度
開通予定

須坂長野東

小川村

31

大安寺

白馬長野
有料道路

31

笹平ダム

小田切ダム

犀川

川中島駅

安茂里駅

ビックハット

117

エムウェーブ

34

五輪大橋
有料道路

403

❹

天狗山

36

19

飯綱山

虚空蔵山

茶臼山

茶臼山公園

有旅大池

川中島桃畑

今井駅

北陸新幹線

篠ノ井線

篠ノ井駅

19

77

南長野
運動公園

35

川中島古戦場

上信越自動車道

典厩寺

尼厳山

保
科
清

水内ダム

虚空蔵山

川柳将軍塚古墳

稲荷山駅

長野自動車道

松本駅

篠ノ井線

更埴

更埴IC

松代PA

松代

P35

松代城跡

玉依比売命神社

松代東条

更埴JCT

35

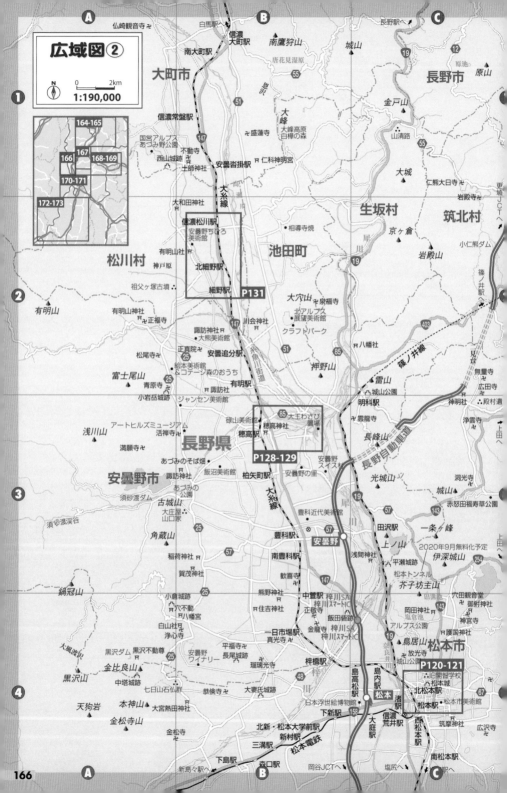

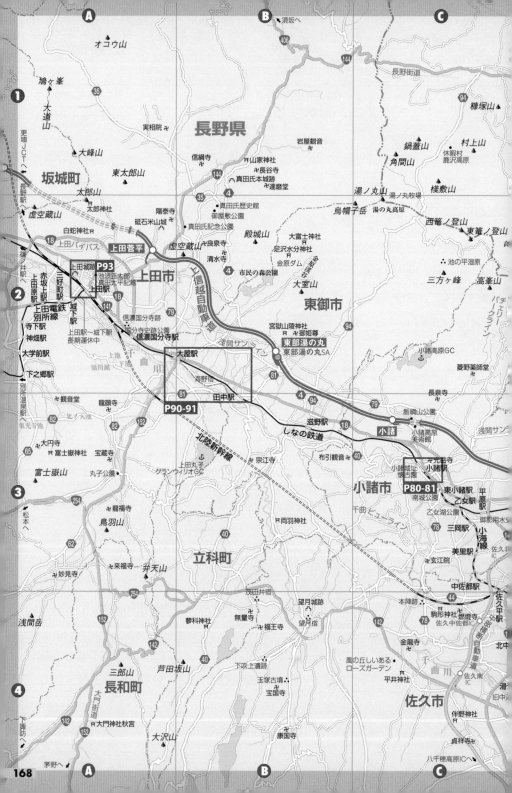

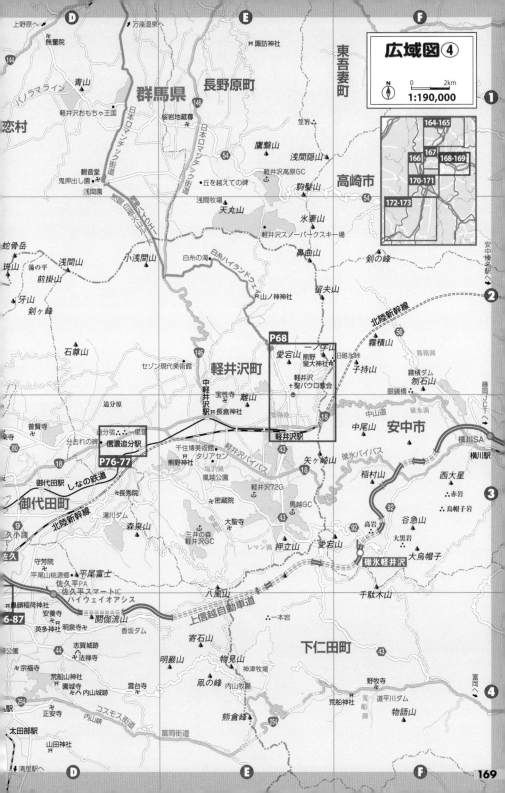

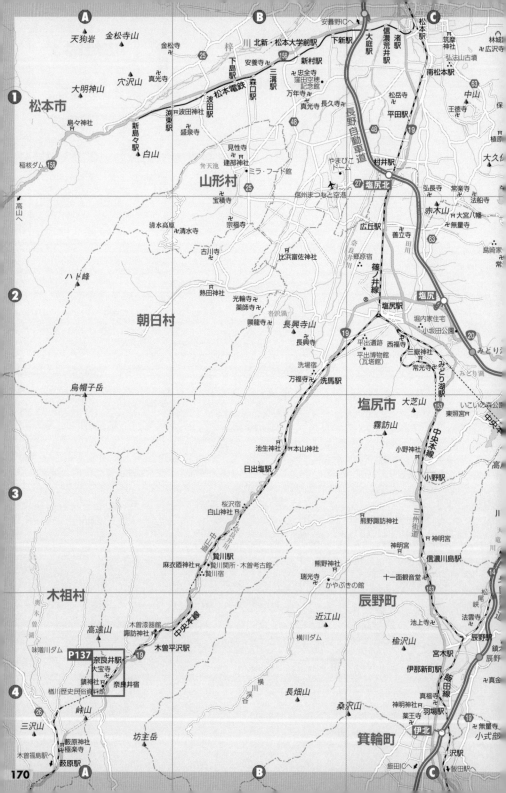

広域図⑤

1:190,000

171

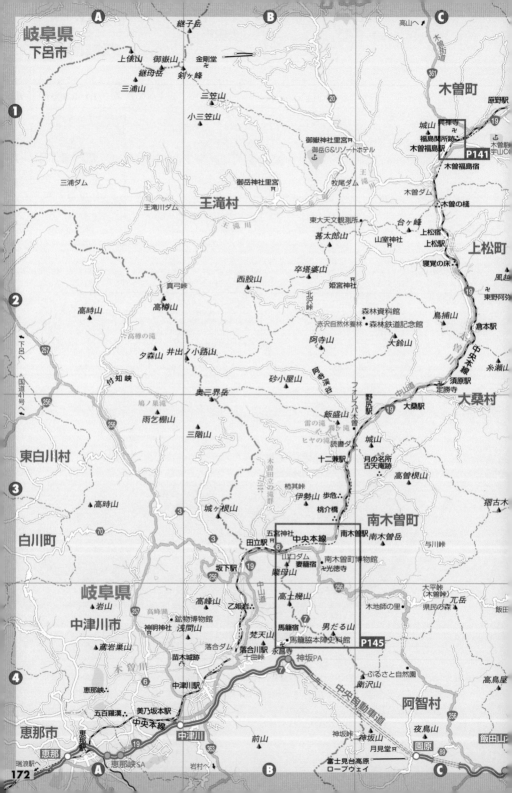

岐阜県
下呂市

継子岳
上俣山　御嶽山　金剛堂
継母岳
三浦山　剣ヶ峰

三笠山

小三笠山

御嶽神社里宮
御岳G&リゾートホテル

御岳神社里宮

牧尾ダム

王滝村

王滝川ダム

木曽町

原野駅

城山　興禅寺
福島関所跡
木曽福島駅　P141

木曽福島宿

木曽ダム

木曽の桟

東大天文観測所
山室神社
葛太郎山
台ヶ峰
上松宿
上松駅

上松町

寝覚の床

卒塔婆山

姫宮神社

風越

三浦ダム

王滝川

西股山

真弓峠

高樽山

高時山

高樽の滝

鳥捕山
東野阿弥

森林資料館
赤沢自然休養林　森林鉄道記念館
大鈴山
倉本駅

夕森山　井出ノ小路山

付知峡

奥三界岳

阿寺山
四曽渓谷

砂小屋山
フォレスパ木曽
野尻駅

糸瀬山

須原駅
定勝寺

大桑駅

大桑村

鳩ノ巣滝
雨乞棚山

三階山

飯盛山
雷の滝　滝ヶ滝
ヒヤの滝　読書ダム

城山
月の名所
古天庵跡

東白川村

高時山

白川町

十二兼駅

柿其峠

高曽根山

高時山

城ヶ根山
田立駅
五宮神社

伊勢山　歩危
桃介橋

南木曽町

滝古木

南木曽岳

与川峠

中央本線
南木曽駅　南木曽岳

岐阜県

中津川市

鷹岩巣山
岩山

高峰山
鉱物博物館
神明神社　浅間山
落合ダム
落合川駅
苗木城跡　十曲峠

高峰湖

梵天山

乙姫岩

山口ダム　妻籠宿
南木曽町博物館
光徳寺

髪母山

高土幾山

馬籠宿
馬籠脇本陣史料館

男だる山

南沢山
神坂峠

中央本線
中津川駅

中津川

恵那市

恵那峡
五百羅漢
美乃坂本駅
中央本線
恵那駅
恵那峡SA

前山

神坂PA

大平峠
(木曽峠)
兀岳
木地師の里
県民の森

飯田

阿智村

高烏屋

ふるさと自然園

夜烏山

神坂山　月見堂

園原

飯田山

富士見台高原
ロープウェイ

瑞浪駅へ

岩村へ

中央自動車道

瑞浪駅へ

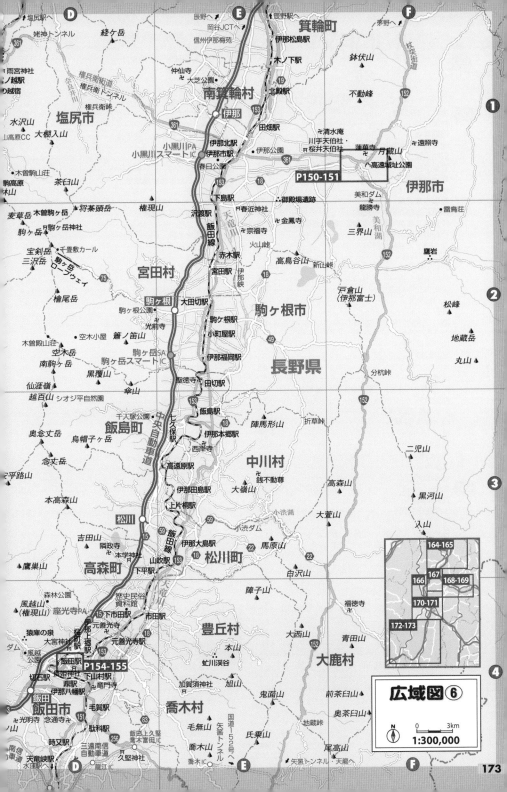

INDEX
ー索引ー

■■■ みどころ・遊びどころ ■■■

175

2020年7月15日初版印刷
2020年8月1日初版発行

編集人　長澤香理
発行人　今井敏行
発行所　JTBパブリッシング
　　　　〒162-8446　東京都新宿区払方町25-5
　　　　https://jtbpublishing.co.jp/

編集／Tel 03-6888-7860
販売／Tel 03-6888-7893
編集・制作／国内情報事業部
組版／凸版印刷
印刷所／凸版印刷

編集スタッフ／藤﨑恵
編集・取材スタッフ／K&Bパブリッシャーズ、安田敦子、
水梨由佳、本多美也子、上田泰久、中林貴美子、樋口一成、
湘南倶楽部(佐藤博之、佐藤さだよ)、赤澤良久

デザイン／Design Cue inc.(大串徹)

表紙デザイン／土田伸路(Design Cue inc.)

表紙写真／馬籠宿

撮影・写真協力／西村光司、樋口一成、マシマレイルウェイ・
ピクチャーズ、PIXTA、関係施設、関係各市町村観光課・
観光協会

地図／ユニオンマップ

・本誌に掲載している地図は、国土地理院発行の数値地図(国土基本情報)、電子国土基本図(地図情報)及び数値地図(国土基本情報20万)を編集・加工して作成しました。
・**本書掲載のデータは2020年5月末日現在のものです。** 発行後に、料金、営業時間、**定休日、メニュー等の営業内容が変更になることや、臨時休業等で利用できない場合があ**ります。また、各種データを含めた掲載内容の正確性には万全を期しておりますが、おでかけの際には電話等で事前に確認・予約されることをお勧めいたします。なお、本書に掲載された内容による損害等は、弊社では補償いたしかねますので、予めご了承くださいますようお願いいたします。
・本書掲載の商品は一例です。売り切れや変更の場合もありますので、ご了承ください。
・本書掲載の入園料は大人料金を掲載しています。また、定休日は、原則として年末年始・お盆休み・ゴールデンウィーク・臨時休業を省略しています。
・本書掲載の利用時間は、特記以外原則として開店(館)～閉店(館)です。オーダーストップや入店(館)時間は、通常閉店(館)時刻の30分～1時間前ですのでご注意ください。

204576　806421
ISBN978-4-533-14201-7 C2026
©JTB Publishing 2020

無断転載禁止　Printed in Japan

おでかけ情報満載　http://rurubu.jp/andmore/